主编　林开泰

林开泰，中共党员，上杭红色文化研究会副会长，上杭县关工委常务副主任，编著的主要作品有：《红色的足迹》、《红上杭的故事》、《上杭苏区永流芳》、《才溪精神》、《中国·才溪》、《陈丕显活在故乡人民的心中》等。

才溪九軍十八師

杨成武题

毛泽东才溪乡调查纪念馆　编

林开泰　主编

厦门大学出版社 XIAMEN UNIVERSITY PRESS | 国家一级出版社 全国百佳图书出版单位

图书在版编目(CIP)数据

才溪九军十八师/毛泽东才溪乡调查纪念馆编,林开泰主编.—厦门:厦门大学出版社,2020.8
ISBN 978-7-5615-7771-4

Ⅰ.①才… Ⅱ.①毛…②林… Ⅲ.①军人—生平事迹—上杭县—现代—画册 Ⅳ.①K825.2-64

中国版本图书馆 CIP 数据核字(2020)第 063863 号

出 版 人 郑文礼
责任编辑 韩轲轲
美术编辑 蔡炜荣
技术编辑 朱 楷

出版发行 厦门大学出版社
社 址 厦门市软件园二期望海路 39 号
邮政编码 361008
总 机 0592-2181111 0592-2181406(传真)
营销中心 0592-2184458 0592-2181365
网 址 http://www.xmupress.com
邮 箱 xmup@xmupress.com
印 刷 厦门市明亮彩印有限公司

开本 889 mm×1 194 mm 1/12
印张 29
字数 376 千字
版次 2020 年 8 月第 1 版
印次 2020 年 8 月第 1 次印刷
定价 168.00 元

本书如有印装质量问题请直接寄承印厂调换

厦门大学出版社
微信二维码

厦门大学出版社
微博二维码

發揚革命傳統
争取更大光榮

毛泽东

光榮亭

序　一

石仲泉

当《才溪九军十八师》的样书摆在我面前时，我感到十分敬佩和欣慰。中共上杭县委、上杭县人民政府10多年来陆续出版了多部关于才溪精神的著作之后，现在又编辑出版这部《才溪九军十八师》画册，实在令我感动。85年前，毛泽东在第二次全国苏维埃代表大会上高度赞扬苏区先进模范单位时讲过："你们创造了第一等的工作，值得我们称赞他们为模范工作者。"85年过去了，别的方面姑且不论，仅就深挖红色资源、传承红色基因、弘扬红色文化而言，我认为，上杭县委、上杭县人民政府可以说在创造第一等的工作，值得称赞和学习。

我与上杭才溪也算有缘分。我在退出领导岗位后"走走党史"，先后于2003年8月、2012年6月、2013年11月和2018年12月四次到上杭才溪进行调研考察，对才溪的革命斗争历史和红色资源，有丰富的感性印象。才溪"九军十八师"的故事在闽西乃至全国流传很广，当年的才溪区（包括才溪乡和通贤乡）有16000多人，参加红军的3400多人，其中有1000多人为革命英勇牺牲，查证出来身份的有960多人。可谓村村有烈士，户户出红军，山山埋忠骨，岭岭铸英魂。

才溪"九军十八师"是怎么一回事呢？原来1951年中央人民政府组织了以政务院内务部长谢觉哉为总团长的中央南方老革命根据地访问团，赴南方各根据地访问。8月，中央苏区分团到才溪慰问时，在一次座谈会上，访问团的一位同志问道："才溪3000多人参加红军，跟着毛主席、共产党打天下。现在有多少人当干部了？"参会的一位老同志脱口而出："有9个军长、18个师长。"访问团的同志高兴地说："好哇，才溪有九军十八师。"此后，才溪"九军十八师"的美誉就传开了。

才溪"九军十八师"，实际上是指才溪有1名中将、9名少将、20名省部级和地师级干部。在1955年至1965年间，被授予军衔的开国将军就有10位，占福建全省83位开国将军的12%，因此，被誉为"将军之乡”。1990年，杨成武上将亲自为毛泽东才溪乡调查纪念馆赠送了“才溪九军十八师”的题词。

为什么才溪会有这么多将军呢？因为才溪在中央苏区时期就很先进，毛主席来这里做过调查，才溪人民创造的辉煌业绩受到毛主席表扬。他们拥有“四大模范”的荣光：一是政治民主建设的模范，二是扩大红军运动的模范，三是农业生产发展的模范，四是文化教育普及的模范。福建省苏维埃政府授予才溪区以“我们的第一模范区”奖牌，并拨款在才溪河畔建造“光荣亭”。才溪“九军十八师”，是才溪人民的杰出代表，是八闽大地的优秀儿女，也是中央苏区红土地的骄傲。我“走走党史”，跑了上千个县，对绝大部分革命老区都进行过考察。但在一个乡镇，拥有如此多的治党、治国、治军的英才，是极其罕见的。

才溪“九军十八师”，尽管他们个性各异，战斗经历不尽相同，但都有一个共同特点，就是忠于党、忠于祖国、忠于人民革命事业。他们都是从土地革命战争时期起就投身革命洪流，数十年来，坚定理想信仰，不畏艰险，勇往直前；他们身经百战，历经磨难，玉汝于成；他们为了中华民族的独立与解放，为了新中国的诞生，为了人民的幸福，立下了彪炳千秋的功勋。他们是中国共产党人初心和使命的忠实践行者。

才溪，这块红土地很不简单。不仅在革命战争年代留下浓墨重彩的一笔，而且在改革开放、建设发展进程中创造了惊人业绩。新中国成立70年来，特别是改革开放40年来，才溪人民发扬“九军十八师”的光荣传统，坚持“闹革命走在前头，搞生产力争上游”的创造第一等工作的劲头，铸就了以“听党的话，不怕牺牲，艰苦奋斗，敢创第一”为核心的才溪精神。经过数十年艰苦创业，才溪早已旧貌换新颜了。以过去的才溪区（即现在的才溪镇和通贤镇）为基准做比照，2018年才溪镇实现工业总产值18.61亿元，是1978年的1720倍，农业总产值2.39亿元，是1978年的131倍，农民人均纯收入18437元，是1978年的341倍。2018年通贤镇实现工业总产值0.96亿元，是1978年的163倍，农业总产值达2.72亿元，是1978年的226倍，农民人均纯收入16351元，是1978年的319倍。现在可谓：户户住新房，家家富小康，村村皆生态，街街赛现代。

70年已成光荣历史，而今迈步从头越。具有“九军十八师”红色基因的才溪精神需要继续坚持、不断弘扬，让其薪火相传、熠熠生辉。它已成为激励苏区人民、老区人民在革命、建设和改革进程中的强大精神动力。正如习近平总书记指出的：“一切向前走，都不要忘记走过的路，走得再远，走到再光辉的未来，也不能忘记走过的过去。”才溪“九军十八师”蕴含的革命精神，永远是我们苏区、老区人民取之不尽、用之不竭的宝贵精神财富，具有历久弥新的时代价值。

以史为镜，可以知兴替；以人为镜，可以明得失。中共上杭县委、上杭县人民政府为了进一步深化“不忘初心、牢记使命”主题教育，在迎接中国共产党建党100周年之际，组织和指导有关党史和红色文化研究人员，深入挖掘才溪“九军十八师”英雄群体革命斗争的事迹，编辑出版《才溪九军十八师》画册来宣传红色故事，这一举措生动体现了习近平总书记关于“把红色资源利用好，红色传统发扬好，红色基因传承好”的指示精神，是件大好事。这对上杭进一步打造文化强县，提升红色文化，具有重要现实指导意义。

今天，我们国家比历史上任何时期都更接近中华民族的伟大复兴。在建设中国特色的社会主义新时代，只有更加坚定不移听党的话、无限忠诚跟党走，不忘初心、牢记使命，才能奋力谱写好在本世纪中叶全面建成社会主义现代化强国的老区发展新篇章。《才溪九军十八师》画册，汇集他们的革命事迹，记载了他们的战斗历程，展现了他们的斗争风采。该书史料翔实、内容丰富、论述客观、图文并茂，对我们重温历史，不忘初心、牢记使命，特别是给广大青少年进行爱国主义教育、革命传统教育和国防教育，提供了一本好教材、好读本。

借此之机，我也深切表达对才溪“九军十八师”和全国无数为革命牺牲，为中国革命做出重大贡献的前辈们和老一辈无产阶级革命家致以崇高的敬意，让我们共同为实现中华民族伟大复兴的中国梦而不懈奋斗！

2019年10月10日于北京

（石仲泉，中共党史学家，中共中央党史研究室原副主任，中国马克思主义研究中心主任，毛泽东思想邓小平理论研究会会长）

序 二

林开钦

石仲泉同志为《才溪九军十八师》写了很好的“序”。他满怀革命豪情，多次深入才溪进行调查研究，用质朴的语言歌颂了老区人民为革命和建设做出的巨大贡献。他对《才溪九军十八师》给予了充分的肯定，指出出版此书的意义，并表扬了上杭县委、县人民政府在十多年里陆续出版了弘扬才溪精神的多部著作。此“序”极为宝贵。

中央苏区时期，毛泽东同志为创建农村革命根据地三次来才溪做调查，表扬了才溪是中央苏区模范乡，号召全苏区向才溪学习。当年的才溪区包括才溪乡和通贤乡，有 16000 多人，3400 多人参加红军(其中上才溪参加红军者占青壮年人数 88%，下才溪占青壮年人数 80%)，有 1000 多人为革命英勇牺牲，查证出来身份的烈士有 960 多人。“九军十八师”实际上是 1955 年至 1965 年，才溪被授予军衔的将军有十位，占福建全省 83 名将军的 12%，还有 20 名省部级和地师级干部。“才溪九军十八师”既是革命战争的幸存者，也是才溪身经百战，建立新中国的开国功臣的杰出代表，是最可爱的人。

“才溪九军十八师”英雄群体的特点是，他们既得到了马列主义与中国革命实践相结合的毛泽东思想的武装，又从小就得到客家精神的熏陶。所以，他们特别能在中国共产党的领导下，坚定理想信念，战胜“左”右倾机会主义，克服艰难险阻，勇往直前，与全国人民一道，推翻了压在中国人民头上的三座大山，建立了新中国。他们为人民幸福、民族复兴、国家富强立下了永不磨灭的功勋。

为什么革命烈士和开国将领集中在才溪？这是因为才溪有深厚的客家精神的历史文化底蕴。

何谓客家？客家是中华民族汉族的一支民系，是中国民族史、战争史、移民史的产物。中国历史上移民潮此起彼落，晋永嘉之乱、唐安史之乱、宋靖康之难引起的南迁移民，改变了中国人口分布的大格局。原来，北方人口一直占全国人口 80%左右，至宋靖康之难后，南方人口占全国总人口的 54%，南方人口超过了北方。中原汉人在南迁过程中分流成了多个民系，如广府民系、湘赣民系、江浙民系、福佬民系、客家民系，客家民系是其中之一。

客家先民是居住在赣中赣北的南迁汉人，为了躲避黄巢起义和金兵南迁的战祸，大批迁徙至赣南、闽西，与当地土著少数民族相结合形成的。因南迁汉人在人数上、经济上、文化上占优势，融合了原住民，形成发展了汉族客家民系和客家人。客家民系形成的年代较晚，沿海平原已被别的民系占领，只剩下环境较艰苦的闽粤赣边山区留待客家民系生存繁衍。

客家人为了躲避战乱，多次长途跋涉迁徙，加上迁入闽粤赣边荒芜山区，创业更艰难，这就形成了客家人开拓进取、艰苦奋斗、崇文重教、爱国爱乡的客家精神。他们深切地体会到自己的命运、家庭的命运与民族的命运、国家的命运是紧密联系在一起的。所以，客家人渴望民族团结、国家强盛、人民幸福。

客家人深厚的传统文化底蕴，为他们接受马列主义毛泽东思想，接受共产党的领导，打下了坚实基础。他们对共产党的理想信念，从认同到坚决参与共产党领导的中国革命战争的伟大实践。所以，毛泽东、朱德同志创建的中国工农红军的主体是客家人。苏区时的革命根据地，从井冈山到闽西、赣南都是客家地区。才溪人是闽西的客家人，闽西是形成发展客家民系的核心区，又是毛主席创建农村革命根据地的所在地，受到党的教育特别多，参加革命的人也特别多。这就是才溪会涌现出“九军十八师”的客家历史文化渊源。

习近平总书记指出：“让文物说话，把历史和智慧告诉人们。”中共上杭县委重视和支持《才溪九军十八师》画册的编辑和出版，就是把革命历史告诉人们，使人们更加坚定理想信念，为实现中华民族伟大复兴的中国梦，努力奋斗。

2019年10月19日于福州

（林开钦，中共福建省委原副书记、全国政协港澳台侨委员会原副主任、福建省客家研究院院长）

目 录

前 言

土地革命炮声隆 才溪儿女逞先锋

在土地革命战争时期，总人口只有 1.6 万人的才溪区(含才溪乡、通贤乡)，参加红军，跟着毛主席、共产党打天下的青壮年男子就有 3400 多人。

当年，才溪在政权建设、扩大红军、经济建设、文化教育各项工作中，都名列全苏区的前茅。才溪荣获中央苏区第一模范区的光荣称号。

图为福建省苏维埃政府授予才溪的奖匾

一代英豪展雄才　功勋显赫贯长虹

1951 年，中央人民政府委派的南方老革命根据地访问团到才溪慰问时，访问团的一位领导问："当年，才溪三千多青壮年男子跟着毛主席、共产党打天下，现在有多少人当干部了？"一位老同志大声回答说："有九个军长、十八个师长。"那位提问的访问团的领导高兴地说："哇，才溪出了九军十八师啊！"从此，才溪"九军十八师"的美誉就传开了。实际上，才溪参加红军的三千多青壮年男子的幸存者中，涌现出了十位开国将军、二十位省部级和地师级干部。

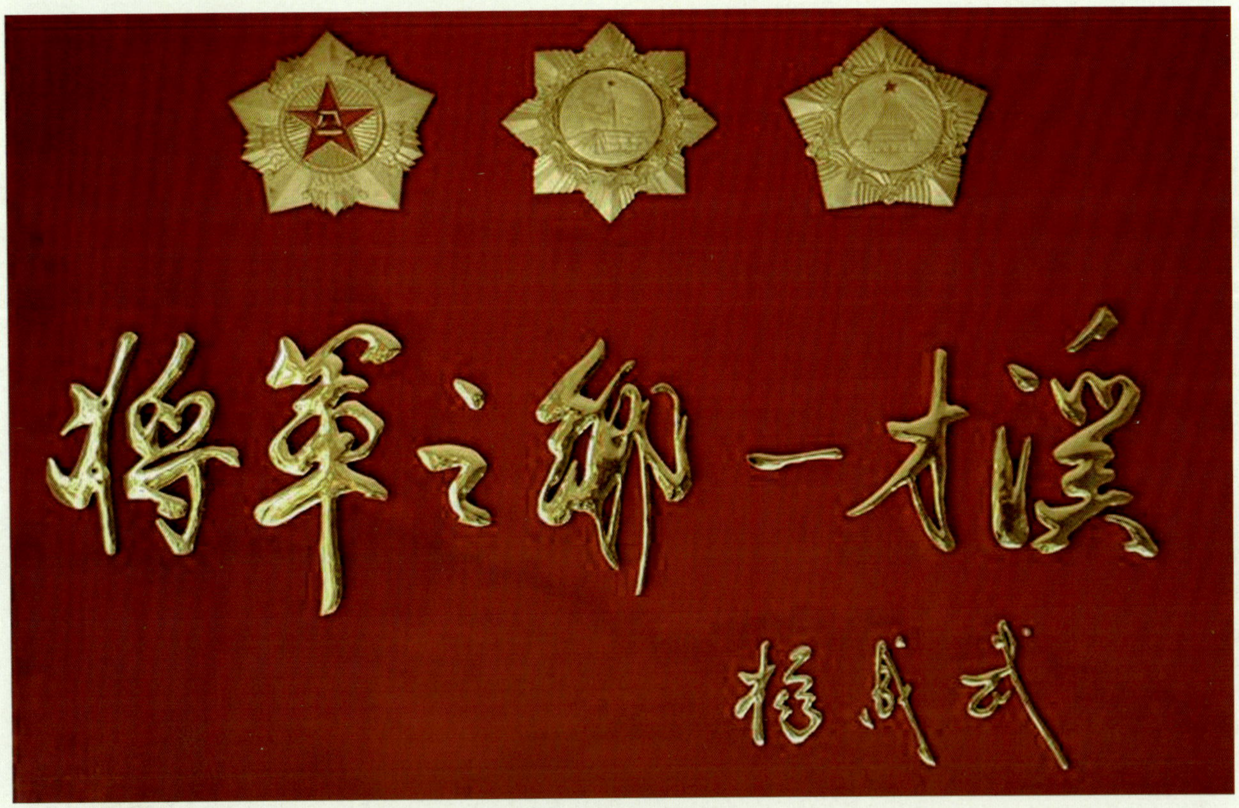

图为杨成武上将手书

才溪九军十八师的开国将军

刘忠中将

（1906—2002）

刘忠，上杭县才溪区才溪村人，1927 年参加才溪区农民协会，1929 年参与领导才溪农民运动，同年加入中国共产党并参加中国工农红军，历任红十二军第二纵队一〇三团排长、红四军十二师三十六团政治委员、红一军团第二师五团政治委员、红一军团司令部侦察科长等职，参加了中央苏区一至五次反“围剿”作战和二万五千里长征；抗日战争时期，曾任抗日军政大学三大队大队长、四大队大队长、六分校校长，晋豫联防区司令员兼一二九师三八六旅副政治委员、政治委员，太岳军区第二军分区司令员等职；解放战争时期，历任晋冀鲁豫军区三八六旅旅长，晋冀鲁豫野战军第四纵队十旅政治委员、参谋长，太岳军区司令员，华北军区第十五纵队司令员，解放军第十八兵团六十二军军长等职。

中华人民共和国成立后，刘忠历任西康军区司令员、川西军区司令员、中国人民解放军陆军大学院务部长兼政治委员、解放军军事学院副教育长兼物质保障部部长、解放军高等军事学院副院长兼院务部部长、解放军军政大学副校长等职，1955 年被授予中国人民解放军中将军衔，荣获二级八一勋章、一级独立自由勋章、一级解放勋章，1988 年 7 月荣获一级红星功勋荣誉章。

1963年2月27日，中共中央主席毛泽东，副主席刘少奇、周恩来、朱德，总书记邓小平，接见军事学院全体学员和在职校级以上军官合影（一排右十三为刘忠）。

刘家独子闹革命　带领队友当红军

刘忠，出生于贫苦农民的家庭，12 岁开始打工做泥匠，1928 年回乡参与策划农民暴动。1929 年 7 月，他由张赤南、林鹏介绍，正式加入中国共产党。图为刘忠加入党组织的地点水茜坑土楼。

1929 年 7 月 21 日，才溪人民在红四军的策应支持下，举行农民武装暴动，取得成功。刘忠是才溪武装暴动的领导人之一。图为才溪武装暴动人员集合地点花厅下遗址。

1929 年 12 月，红四军在古田召开党的第九次代表大会期间，刘忠带领 17 名才溪赤卫队员一起到古田报名参加了红军。刘忠入伍后到大池红军学校学习。图为大池红军学校旧址。

不负韶华展风采　机枪击落敌飞机

1932年4月，时任红十一师三十三团政委的刘忠，才26岁。在攻克漳州战役中，团长因病未参战，他在漳州的龙山顶上，果断指挥部队架起重机枪击落了敌机，开创了我军作战史上用机枪击落敌机的先例。图为刘忠带着一个班的战士在漳州机场观看被击落的敌机。

1932年5月19日，红军举行了漳州战役胜利入城典礼。刘忠率领三十三团官兵走在队伍的最前头，入城时军号齐鸣，红旗飘扬！图为庆祝漳州战役胜利照片。

参加“八一”运动会　刘忠率队夺冠军

运动大会射击比赛

运动大会会场

1933年8月1日，为纪念南昌起义六周年，时任红一军团二师五团政委的刘忠，率部参加了我军在江西藤田举办的第一次“八一”运动会，由于准备充分，五团荣获总分第一。朱德总司令宣布五团为“中国工农红军模范红五团”。刘忠在雷鸣般的掌声中从周恩来总政委手中接过“中国工农红军模范红五团”奖旗，绕场一周。周总政委鼓励红五团要“一直当模范，到中国革命战争最后胜利了，你们还要当模范”。图为“八一”运动会照片一组。

披荆斩棘当“尖兵” 万里长征显忠诚

中央苏区第五次反“围剿”失败后，红军被迫进行二万五千里长征。长征中，刘忠任侦察科长，肩负着保卫毛主席，保卫党中央的重任。他率领红一军团侦察部队走在红一方面军的最前面，克服种种难以想象的困难，深入敌占区，探寻大部队前进路线。他准确获取有关情报，引导中央红军突破四道封锁线、抢渡乌江、巧取遵义、四渡赤水、智过彝民区、强渡大渡河、翻越夹金山、通过大草地、突破腊子口、攻夺吴起镇等，受到党中央和红一军团领导的一致称赞，被誉为长征“尖兵”、“千里眼和顺风耳”。

刘伯承：“长征，刘忠功不可没！”

邓小平：“这次你对大家‘护驾有功’啊！”

胡耀邦：“刘忠是有功之臣。”

刘忠夜袭施秉城 守城敌弃城逃走

红军突破四道封锁线后，向遵义开进。在乌江附近的施秉城，刘忠率侦察小分队趁天没亮夺占了敌人的前哨。敌军王家烈的部队弃城逃走。这次夜袭的胜利，保证了我军向乌江的迅速前进。图为施秉城。

1935年5月,刘忠一进到德昌,就去毛泽东主席、周恩来副主席、朱德总司令那里去接受抢渡大渡河的钳制任务:由红五团三营、二师侦察连和军团便衣队组成右路纵队,抢占大树堡,途经彝民区,佯攻雅安,调动大渡河北岸的防御之敌,掩护主力部队在安顺场强渡大渡河。图为红军过河渡口安顺场。

刘忠冒死尝百草　缺粮部队渡难关

为了保障红军顺利通过草地,刘忠带头挖草根,煮树叶,冒死尝百草,将可食野菜向各单位介绍或用文字通报全军。图为红军吃过的野草。

刘忠化装敌军官
敌人乖乖放吊桥

1935年8月底，红军到达四川通往甘肃的要隘腊子口。为了占领要隘，刘忠化装成国民党中央军中校情报科科长，侦察队王班长化装成联络参谋，大摇大摆地向腊子口前进，敌人放下了吊桥。刘忠和战友就此摸清了地形和敌人的兵力配备，为红军主力部队胜利攻占腊子口天险提供了准确情报。图为红军走过的天险腊子口。

毛泽东对刘忠说："我要你亲自负责，不准出纰漏。"

1935年9月，由哈达铺出发东进到理川，毛泽东主席、彭德怀总司令员均随一军团司令部前进。毛泽东在这段行军中，亲自掌握行军的路线和敌情，一到宿营地就要求刘忠去亲自汇报。毛泽东说："刘忠同志，路线是当前部队进军的关键问题，我要你亲自负责，不准出纰漏。"并限于每晚12时交卷，刘忠每次都出色地完成任务。图为刘忠聆听毛泽东指示的画作。

过了六盘山后,刘忠带便衣队进到青石嘴附近,侦察到青石嘴有敌东北军骑兵第七师的十九团在活动。刘忠率部消灭了敌骑兵团,缴获了很多马匹。聂荣臻政委兴奋地说:"刘忠同志,这次缴了几百匹马,首先把军团侦察连编为骑兵连,以这个连为基础,军团将要建设骑兵团,由你负责。"1936 年 7 月,中国工农红军第一军团骑兵团成立,刘忠为特别支队(骑兵部队)司令员兼政委。这是红军最早成立的骑兵部队。图为行进中的骑兵部队。

1935 年 10 月,中央红军在吴起镇与红二、红四方面军胜利会师,结束了史无前例的二万五千里长征。11 月,刘忠率骑兵部队参加了直罗镇战役。图为中央红军在胜利会师地点吴起镇。

中央军委做指示　刘忠率部进西安

1936年12月，西安事变事发，在全国政局出现紧张的危急关头，中央军委做出决定：令刘忠率骑兵团到庆阳彭德怀总司令员处接受任务。彭总以中国工农红军总部的名义，写了沿途进军的公函，并以彭总自己的名义写了刘忠与张学良、杨虎城接头的介绍信。刘忠率领骑兵团一路顺利到达西安，作为张学良将军起义军的后盾。这就向全国人民表明了中国共产党和红军对西安事变所持的立场：和平解决西安事变，变"反蒋"抗日为"逼蒋"抗日。刘忠为和平解决西安事变，"逼蒋"抗日，做出重大贡献。

图为刘忠率领的骑兵团到达西安。

白手起家办抗大　呕心沥血育精英

1936年开始，刘忠历任抗日军政大学三大队队长、四大队队长、六分校校长等职。他在极端困难条件下，为部队培养精英做出重要贡献。

1938年，抗大四大队大队长刘忠(左一)率领学员演习操练。

刘忠荣获的红军十周年纪念章。

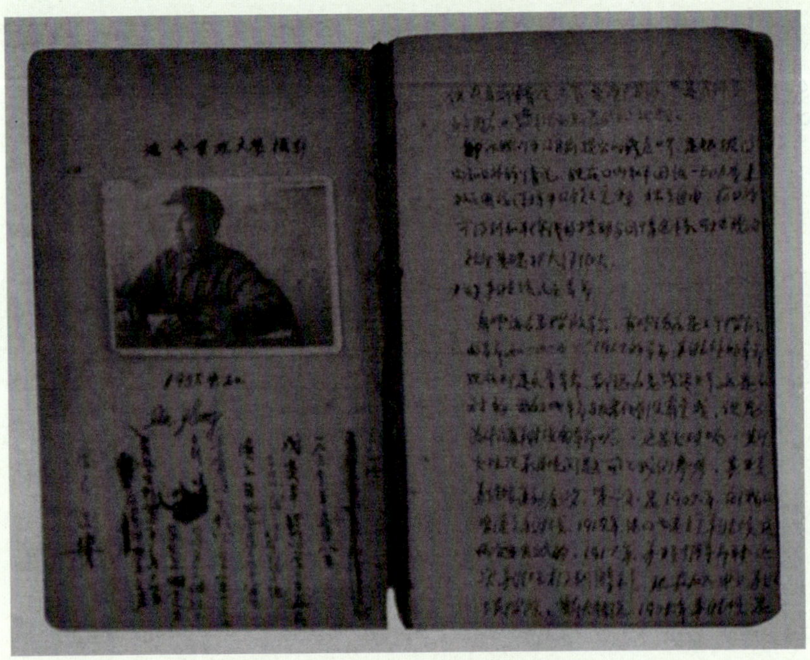

刘忠在抗大学习时的笔记本。

1937年，刘忠(右一)与张元寿、王集成(中)在延安的合影。

1937年,刘忠任抗日军政大学六队队长。为解决抗大学员住房问题,刘忠充分发挥自己泥水工出身的特长,亲自带领学员察看地形,绘制房图,给其他队做示范,仅用10天时间就挖好了30个窑洞。随后,罗瑞卿副校长带领各队队长到现场参观,并称赞:"刘忠,你真有两下子。"图为抗大学员在挖窑洞。

1939年2月,刘忠率第5期学员从延安迁往蟠龙,开展训练并组织开荒生产,获得许多劳动果实。图为刘忠与学员在抗大组织开荒生产。

抗大六分校成立后,因日寇频繁扫荡,被迫多次转移教学,师生们因此创造了一边行军一边学习的好方法:认字就在背包上,写字就在大地上,课堂就在大路上,桌子就在膝盖上。图为延安抗大展览中六分校边行军边学习的雕塑照片。

临危不惧智解围　小平同志脱险境

1942年2月，刘忠任一二九师三八六旅副政委。5月7日，刘忠率七七二团二营护送邓小平去山西阳城县小河村。5月9日在山西阳城东山区，部队和军区领导被日寇包围。刘忠带领部队在山里辗转20多天后，机智地抓住机会，冲出重围，邓小平等安全脱险。左图为画作，右图为山西阳城董封乡东哄村的一角。

上党战役得胜利　重庆谈判获成功

1945 年 7 月，刘忠任太岳军区第三八六旅旅长，参加上党战役。他率部浴血奋战，收复了晋城、高平，攻克长子县，占领老爷山，阻断了阎锡山南下增援之敌，保证了上党战役的最后胜利。上党战役，为毛主席在重庆谈判中获得成功起了重要作用。图为上党战役场面。

一野虎将谋解放　歼敌七万建功勋

在解放战争爆发后，刘忠挥师转战华北、西北、西南三个战区，长驱近万里，克服千难万险，共歼敌军七万余人。刘忠成为中国人民解放军第一野战军声威远扬的虎将、“十军长”之一，为打垮蒋家王朝，建立新中国，做出杰出贡献。

1950 年，川西军区司令刘忠在成都北校场。

1949 年 12 月，六十二军军长刘忠（前排右二）与军部领导成员合影。

歼灭“天下第一旅”　活捉旅长黄正诚

刘忠率部取得临(汾)浮(山)战役的胜利,歼灭国民党号称的“天下第一旅”。

1946年7月,晋鲁豫第四纵队参谋长刘忠率第十旅、十三旅和十一旅的一个团共7个团的兵力参加历时10天的闻夏战役,从而阻滞了胡宗南军北犯行动,受到毛泽东的肯定和赞扬。

1946年9月,刘忠率部参加了临(汾)浮(山)战役。此役歼灭了国民党号称“天下第一旅”的精锐部队,活捉了旅长黄正诚。刘忠在陈堰村与黄正诚曾展开过一场别有风味的对话。黄正诚说:“我们打败仗,主要是失去了民心,我服了!”图为活捉旅长黄正诚的创作画。

前方后方一条心　革命夫妻双英雄

在临浮战役中，晋冀鲁豫第四纵队“三战三捷”名气大震。1946 年 10 月，四纵在山西沁源县郭道召开了纵队英雄模范大会，会上一致推举纵队参谋长刘忠为战斗英雄。同时，刘忠妻子伍兰英在四纵干部家属学校任指导员兼党支部书记，由于工作出色，被评为劳动模范。夫妻双双登上领奖台。图为四纵奖给刘忠的“战斗英雄”奖章、伍兰英的“劳动英雄”奖章，以及刘忠与妻子伍兰英照片。

解放太原传捷报　西康起义又立功

刘忠率部取得太原战役的胜利，结束了阎锡山在山西的38年统治

1948年10月至1949年4月，刘忠率六十二军参加了太原战役，英勇顽强地完成了从太原东侧攻城的任务，并率先攻进阎锡山老巢山西省府大院。太原战役结束了阎锡山在山西的38年统治。图为太原前线总前委扩大会议与会人员留影，二排左六为刘忠。

1949年10月，六十二军奉命改编了岷县甘肃省伪保安司令周祥初和胡宗南的一三七师师长陈淑钵的部队，使其成为西北军区独立第一军，归属六十二军指挥。图为国民党、伪军起义部队接受改编，十八兵团六十二军军长刘忠会见起义的原国民党西康省主席刘文辉。

严明军纪“三不进”　爱民情深“四不走”

部队进少数民族地区，刘忠制订“三不进”、“四不走”的行动准则。

六十二军在岷县休整时，因当地多为回、藏、蒙古少数民族，为此刘忠制订了一个“三不进”、“四不走”的行动准则。三不进，即不进群众未腾出的房子，不进有妇女的家，不进群众使用的厕所。四不走，即离开驻地时院子不打扫不走，不掩盖好部队挖的厕所不走，不清查好群众纪律不走，人民群众种了庄稼的地不走。这些举措深得民心，受到当地蒙古、藏、回、汉各民族群众的拥护。图为 1949 年 12 月，六十二军军长刘忠（后中）、政委鲁瑞林（后排左七）、政治部主任车敏瞧（后排左五）和岷县分区地方党政军负责人及四川卓藏寺活佛联欢时留影。

1950年1月,刘忠率部担负“进军西康,解放西康”的重任。3月27日,六十二军一八四师在解放西昌的战役中,歼敌六十九军、二十七军、三三五师、冕宁雅安的联防部队7000余人及缴获各种武器几千支。此战是解放战争的最后一仗。六十二军荣获西南军区司令员贺龙赠给“历史壮举,无尚光荣”,“以无比坚韧、顽强、创造历史奇迹”、“光荣万丈的红军史上又增加了新的光荣”等锦旗13面。1950年6月,刘忠接中央军委命令,任川西军区司令员。图为进军雅安解放西康照片。

1950年,六十二军一八四师领导在攻克西昌后合影。

刘忠在解放战争时期的主要战绩表

战役名称	时间	任职	战绩
上党战役	1945年9月	晋冀鲁豫第四纵队参谋长	战役中，刘忠攻克长子城，死守老爷山，阻断了阎锡山南下增援之敌，保证了上党战役的最后胜利。我军共歼敌38000余人，俘敌副总指挥胡三余、十九路军军长史泽波以下将官27人。
闻夏战役	1946年7月	晋冀鲁豫第四纵队参谋长	率7个团参加闻夏战役，集中主力各个击破，阻挡了胡宗南军北犯的行动，打破了敌人三个星期打通同蒲线的企图，受到毛泽东的肯定和赞扬。
同蒲战役	1946年7月开始	晋冀鲁豫第四纵队参谋长	历时8个月，破坏了同蒲南段的铁路交通，粉碎了胡宗南、阎锡山企图利用同蒲路南北合击我四纵的计划，被人民群众称为“仁义之师”，并受到中央来电嘉奖。
浮山战役	1946年9月	晋冀鲁豫第四纵队参谋长	参与指挥，歼灭了蒋介石最精锐的嫡系部队“天下第一旅”，活捉了旅长黄正诚，受到中央军委通报表扬。
晋西南战役	1946年11月	晋冀鲁豫第四纵队参谋长	协同晋绥野战军参加晋西南战役，先后解放县城及市镇30余处，歼灭胡、阎军16000余人，支援了西北野战军保卫延安的战斗。
汾孝战役	1947年1月	晋冀鲁豫第四纵队参谋长	歼敌16400余人，给了阎锡山部以沉重的打击，使晋南胡宗南军更加孤立，为我军开展局部反攻创造了有利条件。
临汾战役	1948年3月开始	晋冀鲁豫第四纵队参谋长	参加历时72天的临汾战役，采用“土行孙”的办法，把战壕坑道挖到敌人的城墙下进行爆破，协同兄弟部队攻克临汾城。临汾解放后，兼任城防司令。
晋中战役	1948年6月	晋冀鲁豫第四纵队参谋长	以一个团的兵力，指挥了著名的“董村阻击战”，四昼夜抗住了数倍于我的敌重兵集团飞机、坦克的轮番攻击，切断了敌军回撤太原的退路，保证了晋中战役的圆满实施。战后受到了华北军区副司令员徐向前的表扬与嘉奖。
太原战役	1948年10月	第一兵团第十五纵队司令员	参加了历时6个月的太原战役，先攻克并守住了淖马要塞，并以左集团军完成了从太原东侧的攻城任务。太原战役取得毙敌15000余人，活捉敌军18000余人，缴获火炮80余门、枪支9000余支的重大胜利。
扶郿战役	1949年7月	六十二军军长	率六十二军参加扶郿战役，奠定了解放大西北的坚实基础。
成都战役	1949年11月	六十二军军长	率六十二军南下，开辟入川道路，配合友军聚歼成都周围守敌；参加成都会战，一个月奔袭行程2500里，歼敌4500余人，接受投诚10000余人，解放县城8座。
西昌战役	1950年3月	六十二军军长兼川西军区司令	歼敌六十九军、二十七军、三三五师以及嵬宁、雅安的联防部队7000余人及缴获各种武器几千支。此战是共产党与国民党解放战争的最后一仗。
备注	转战华北、西北、西南，征程近万里，共歼灭敌军70000余人，被誉为“一野十大虎将”、“威震敌胆十军长”之一。		

为党强军办军校　鞠躬尽瘁铸军魂

作战和教学实践经验都极丰富的刘忠，在新中国成立后的1950年，就被党组织选调到军校领导岗位任职。他数十年如一日，兢兢业业，呕心沥血，为人民军队培养高素质专业化的高级领导人才，为党的强军事业做出巨大贡献，立下不朽功勋。

生命不息，奋斗不止。刘忠离休后，还写下20多万字的回忆录——《从闽西到京西》、《闪光的足迹》等，为我党我军留下了宝贵的历史资料和精神财富。

1950年11月22日，刘忠奉命到南京中国人民解放军陆军大学工作。刘伯承校长热情地握着刘忠的手说："刘忠同志到了好，就差你这一角了。"1951年1月，我军历史上第一个现代化、正规化的军事院校中国人民解放军军事学院在南京成立。刘忠任院务部部长兼政委。图为中国人民解放军南京军事学院成立时的一组照片。

1958年秋,战史系毕业生与院领导的合影。前排左六为刘忠。

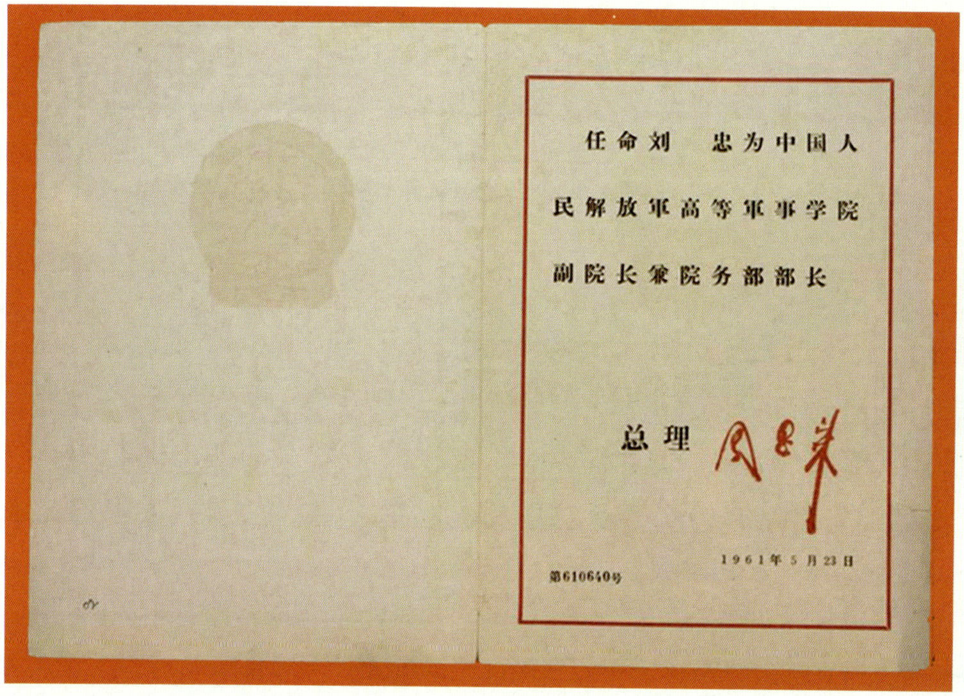

任命刘 忠为中国人民解放軍高等軍事学院副院长兼院务部部长

总理

1961年5月23日

第610640号

1961年，刘忠升任为中国人民解放军高等军事学院副院长兼院务部部长。

1969年，中央军委决定撤销高等军事学院、南京军事学院和政治学院，合并组建“中国人民解放军军政大学”(“军政大学”后改为“军事学院”、“国防大学”)，任命刘忠为副校长。

将星业绩冠史册　精神风范耀千秋

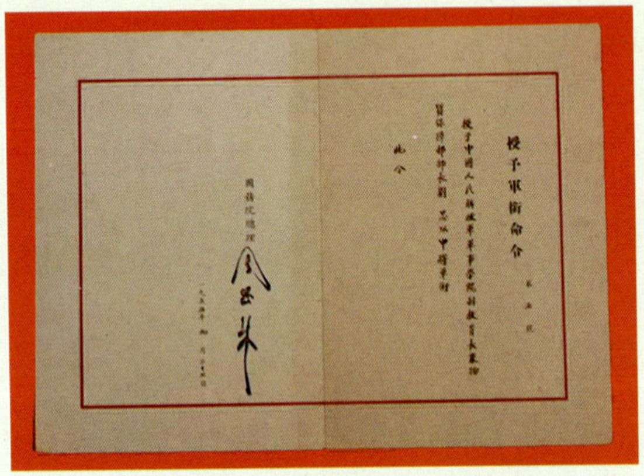

1955 年 9 月 27 日，国务院总理周恩来授予中国人民解放军军事学院副教育长兼物质保障部部长刘忠中将军衔命令。

1955 年 9 月，中国人民解放军举行授衔仪式，刘忠被授予中将军衔，荣获二级八一勋章、一级独立自由勋章、一级解放勋章。

1979 年，73 岁的刘忠光荣离休。1988 年，刘忠荣获中国人民解放军一级红星功勋荣誉章。他在获得一级红星功勋荣誉章时感慨地追念在战场上英勇献身的战友们：“我是一个幸存者，中国革命的胜利首先要归功于革命先烈和各战场流血牺牲的烈士。”

图为刘忠将军离休后的照片

1991年10月,刘忠回到家乡时的一组照片。

刘忠同志的一生是革命的一生，战斗的一生，是忠心耿耿为共产主义事业奋斗不息、鞠躬尽瘁的一生。他对中国革命和社会主义建设事业做出的贡献将永载史册。他的崇高革命精神和优良作风，永远值得我们学习和怀念。

——中共中央军事委员会

王集成少将

（1907—1983）

王集成，原名王富堂，上杭县才溪区才溪村人；1927年加入才溪农民协会，1929 年参加才溪农民暴动，1930 年参加中国工农红军，同年加入中国共产党；参加红军后，历任红十二军第二纵队五支队宣传分队长、红四军第十一师政治部党总支书记、红一军团无线电队政治委员兼直属队党总支书记、红一军团第二师第六团政治委员等职，参加了中央苏区一至五次反“围剿”作战和二万五千里长征；到达陕北后，被调任红十五军团第七十五师二二四团政治委员、师政治部主任，后被派回闽西，任闽粤赣军区政治部主任；红军游击队整编为新四军后，历任新四军二支队政治部主任、新四军第二师第四旅政治委员、第七师政治部主任、新一师副政委等职；解放战争时期，曾任华东野战军第四纵队政委、山东省军区政治部主任等职。

中华人民共和国成立后，王集成历任华东空军政治委员、解放军铁道兵副政治委员等职，1955 年被授予少将军衔，荣获二级八一勋章、一级独立自由勋章、一级解放勋章；离休时享受大军区正职，行政六级待遇。

1960 年 10 月,毛主席暨中央首长与出席军委扩大会议的全体同志合影,后排左九为王集成。

苏区扩红模范户　兄弟六人当红军

才溪是中央苏区第一模范乡，也是著名的红军之乡。王集成，原名王富堂，是才溪乡才溪村王钦达的大儿子。王集成父亲生有六个儿子，王集成居长。

王集成家人多地少，家庭贫苦。他 10 岁开始就进自家竹山的纸厂学造纸。图为当年南山造纸的纸厂。

王集成 1927 年加入才溪农民协会，1929 年参加才溪农民武装暴动并取得成功后，到乡苏维埃政府工作，任山林调查员。1930 年他参加工农红军，同年加入中国共产党。图为下才溪苏维埃政府旧址。

王集成

王樟堂

王炳堂

王爕堂

王应堂

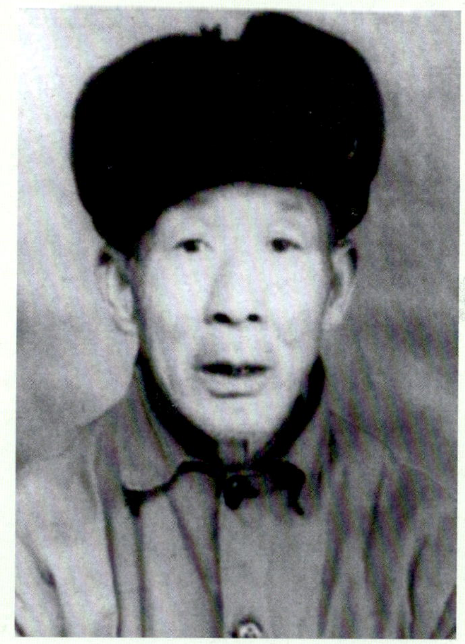

王太堂

才溪暴动后，在王集成的带动和影响下，王集成的五个弟弟都先后参加红军。二弟王樟堂是兆征县长汀邮电局局长(革命烈士)；三弟王炳堂是红十二军随营学校的排长，1932年在上杭中都的豪坑与敌作战中牺牲(革命烈士)；四弟王爕堂是红三十四师译电员；五弟王应堂在兵工厂工作；六弟王太堂曾是朱德的警卫员，后在通贤障云岭红军兵工厂任厂长，负伤后回乡，为失散红军、“五老人员”，1989年12月，受到江泽民同志的亲切接见。王集成一家成为苏区当红军的模范之家。

保卫苏区反“围剿”　英勇杀敌逞赤心

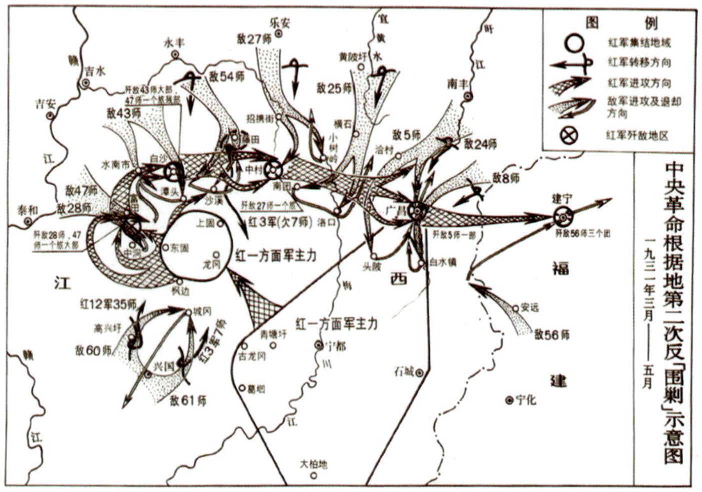

王集成在参加第一次反“围剿”战斗胜利后历任连政治委员，师党委委员。1931年5月中旬，在第二次反“围剿”中，他参加了富田、黄陂、小陂和攻打福建建宁的战斗。图为第二次反“围剿”示意图。

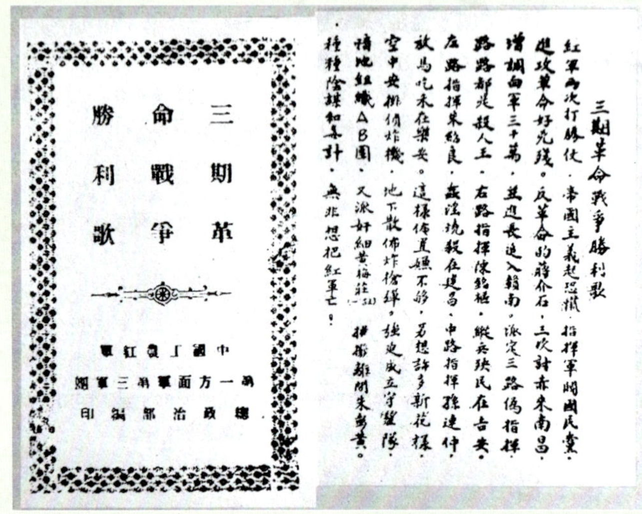

三期革命戰爭勝利歌

中國工農紅軍
第一方面軍第三軍團
總政治部編印

三期革命戰爭勝利歌

紅軍兩次打勝仗，帝國主義起恐慌，指揮軍閥國民黨，
進攻革命好兇殘。反革命的蔣介石，三次討赤來南昌，
增調白軍三十萬，並迅長進入贛南，派定三路偽指揮，
路路都是殺人王。右路指揮陳銘樞，縱兵殃民在吉安。
左路指揮朱紹良，燒殺在建昌。中路指揮孫連仲，
狄馬也未在樂安。這樣佈置嫌不够，另想許多新花樣，
空中安排偵炸機，地下散佈炸藥彈，強迫成立守望隊，
積地組織AB團，又派奸細黃梅莊，（一31）特務離開朱彭黃。
種種陰謀和毒計，無非想把紅軍亡！

1931年9月，第三次反“围剿”战斗打响，在攻打高兴圩战斗中，王集成第一次单独担任军事指挥。他亲自指挥尖兵作后卫向敌人反击，掩护连队撤到村外山边一个寨子里去，全连安全脱险，无一伤亡。图为红军革命歌曲《三期革命战争胜利歌》。

1932年1月，王集成奉命前往福建汀州，进入中国工农红军总政治部团政委训练班进行为期3个月的学习，在政治上打下了一个初步基础。图为毛泽东给中国工农红军总政治部团政委训练班授课的画作。

王集成任红二师五团党总支书记，思想政治工作成效显著。全团官兵斗志旺盛，参加滕田运动会夺得冠军，五团被誉为“模范红五团”。

“红五团所以成为模范，主要是从党的建设做起，王集成这位党总支书记起了很重要的作用。当时红一军团一师、二师各有3个团，共6个团，王集成是6个团党总支书记中的模范总支书记。他负责部队政治工作做得很好，特别是做战士的思想政治工作很有特色。在那极为艰苦的战争环境下，红五团官兵一致，团结奋斗，步步向前，很少掉队或开小差的。”

——开国中将、原红五团政委刘忠

王集成在危急关头肩负起指挥重任

1934年4月，敌集中了11个师的兵力，沿甘竹河分左右两路进攻广昌。红五团集结在广昌的甘竹持续阻击敌人。时代理团长陈正湘负重伤，继任团长曾桂壮烈牺牲，政委刘忠腰部受伤。在这危急关头，王集成照顾着坐在担架上的刘忠，指挥部队撤出战斗，向福建的建宁地区转移。图为广昌战斗地点。

巧用俘虏施妙计　智取遵义立大功

1935 年 1 月 5 日，红九团团长朱水秋和政委王集成，接到上级命令，要他们率部前行，直取遵义，并要尽量节省子弹，要智取。红九团立即连夜出发，到达离遵义 20 里处，围歼敌护城部队一个营，击毙了敌营长。王集成对被俘的副营长进行政策攻心，并答应会给陪同红军进城的官兵，每人发给三个银圆。敌副营长表示愿意带红军进城，并负责对接口令，叫开城门。于是，红九团一个营的指战员穿上敌军装出发进城。到达遵义后，红九团官兵埋伏在城墙下。敌副营长与守城士兵对接口令后，红九团官兵大喊“快开门救命！”敌副营长也大喊“快开门！”守城士兵把城门一打开，红九团的多名司号员，同时吹响了冲锋号。红九团埋伏在城墙下的指战员，立即冲进城内，歼灭了敌军守城兵力，遵义城被解放了。王集成为智取遵义立了大功。

1935 年 1 月 15—17 日，中共中央政治局在遵义召开扩大会议（即遵义会议）。这次会议让毛主席回到了党的领导岗位，在极端危急关头，挽救了党、挽救了红军、挽救了中国革命。遵义也就成了历史名城。图为遵义会议旧址。

万里长征到延安　胜利喜讯报双亲

王集成经二万五千里长征，胜利到达延安后，向远在闽西老家的双亲写信，报告革命形势很好的喜讯。

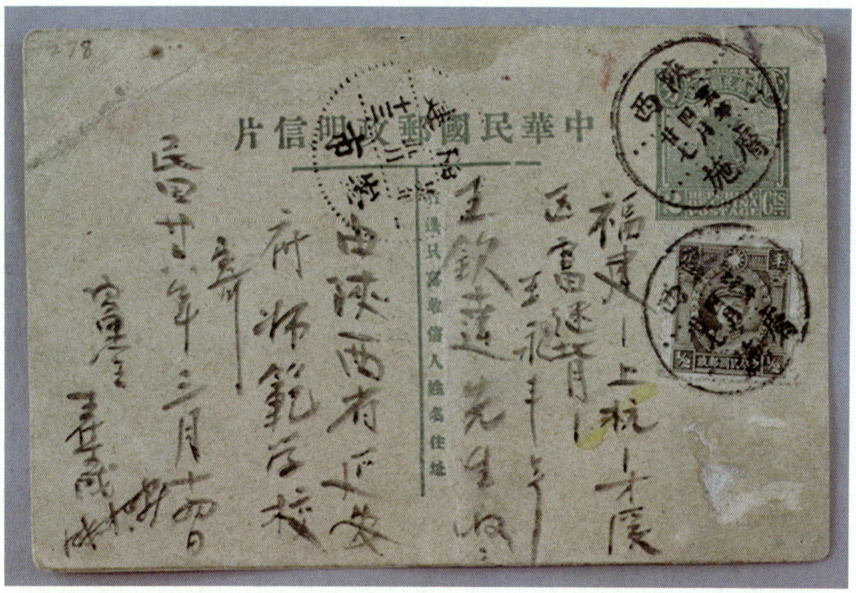

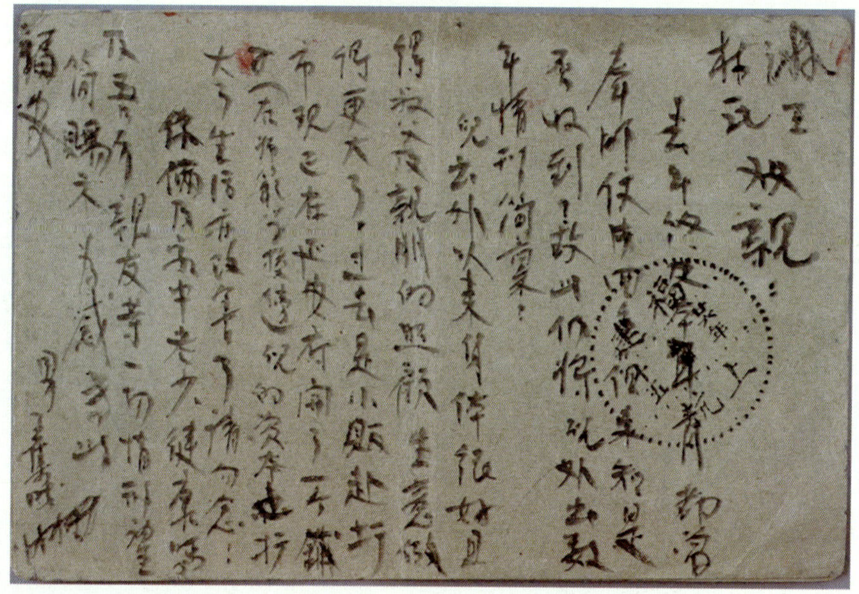

1937 年 3 月 14 日，王集成从延安寄给家中父亲王钦达的明信片。王集成用做生意来形容他在红军部队的胜利消息。

奉命回闽抒壮志　痛歼日伪显赫功

抗日战争时期，受党中央派遣，王集成回到闽西任闽粤赣军区政治部主任，协助张鼎丞等把闽西游击队改编为新四军第二支队，并配合张鼎丞、粟裕等同志在江南坚持独立自主的抗日游击战争。

1937年夏，闽西南军政委员会组织部部长方方到延安向党中央汇报南方三年游击战争情况，并请求派干部到闽西南开展工作。党中央即派王集成与方方一起回到闽西，任闽粤赣军区政治部主任。图为王集成当时使用的两用印章：王集成、王继声。

新四军第二支队政治部主任王集成

1938年2月27日下午，王集成主持新四军二支队在龙岩白土举行的有6000多军民参加的北上抗日誓师大会。图为誓师大会会场。

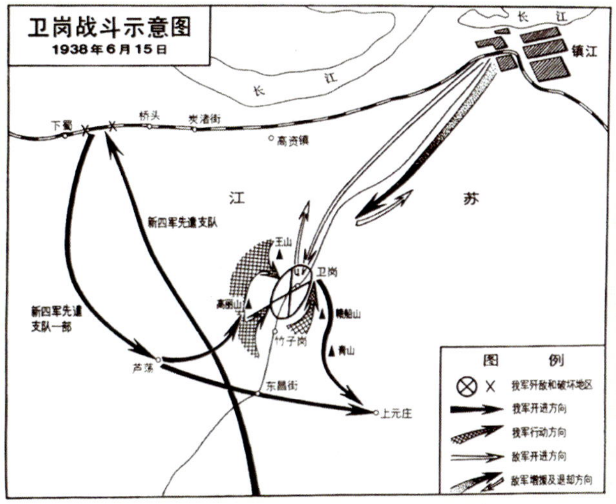

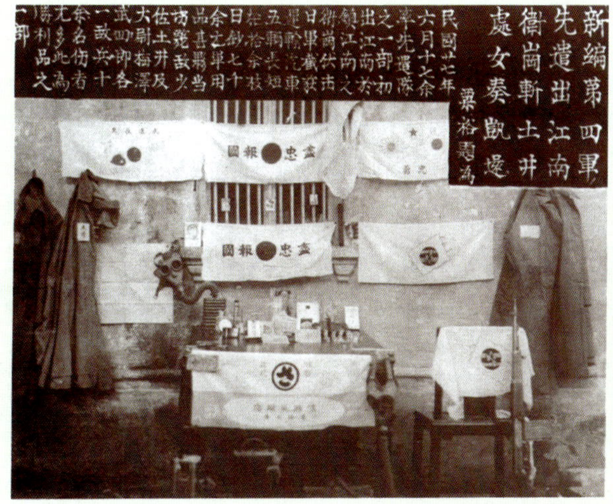

1938 年 5 月，王集成所部参加了新四军的第一次战斗——卫冈战斗，歼灭日军一个联队之大半，缴获大批武器弹药，支队的装备得到改善。图为卫冈战斗示意图、部分战利品。

1938 年，(左起)粟裕和罗忠毅、罗化成、王集成在新四军第二支队的合影。

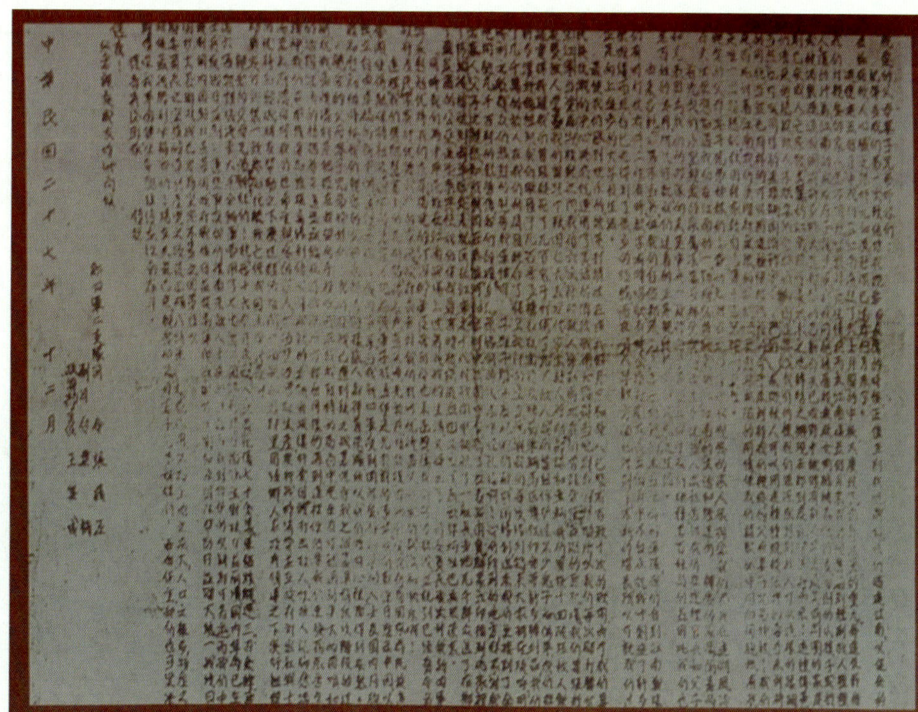

1938 年 12 月，张鼎丞和粟裕、王集成代表新四军第二支队全体指战员，联名写《答谢闽西南群众慰劳的一封信》，报告 5 个月来部队在前线英勇杀敌取得胜利的消息。

1939 年，新四军第二支队的领导人与机关人员合影。左起依次为：王集成、张开荆、粟裕、罗忠毅、罗化成、王绍杰、傅狂波、罗桂华、蓝荣玉。

1939 年 2 月，周恩来到皖南新四军军部传达“向北发展”方针的指示后，与部分领导合影。后排左起为袁国平、陈毅、周恩来、项英；前排左起为李一岷、粟裕、王集成、邓子恢。

1939 年 1 月，王集成等领导新四军第二支队三团奔袭芜湖机场外围据点官陡门，全歼伪军 200 多人，俘敌 10 余人。这是部分参战人员战后合影。

图为 1941 年,大桥战役前敌指挥部政委王集成在做战前动员。这次战役,王集成所辖部队,被授予“铁钉子团”殊荣。

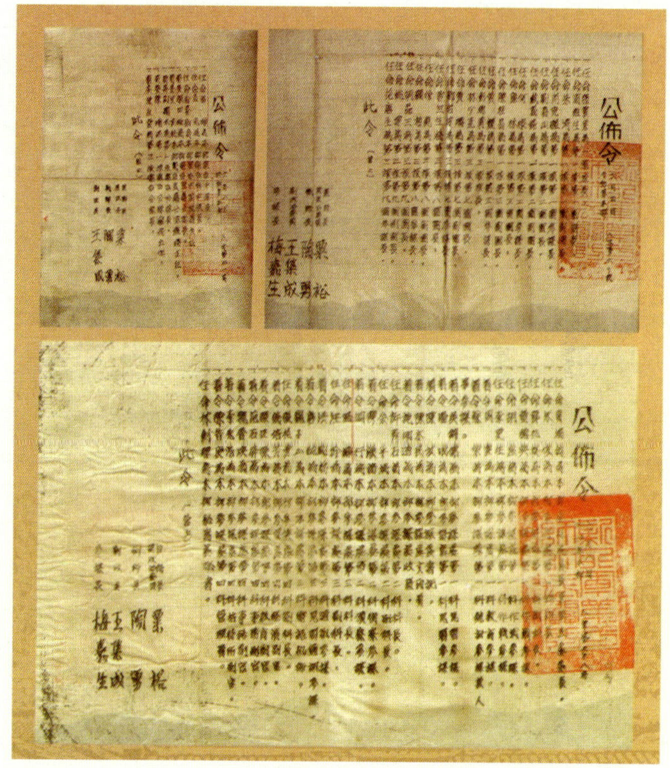

公佈令

此令

公佈令

此令

公佈令

此令

1943 年 2 月,王集成被调任七师政治部副主任兼组织部长,10 月兼任沿江支队政委和地委书记,后任七师政治部代主任,参加周家大山、牌楼等地反扫荡、反摩擦等多次战斗。图为粟裕、陶勇、王集成、梅嘉生等人签署的干部任免公布令。

战北征南谋解放　七战七捷建功勋

1945 年 10 月，山东的新四军主力和留在山东的八路军主力，组成津浦前线野战军。1946 年 1 月，改称山东野战军，王集成任政治部主任。在苏中“七战七捷”前，王集成（前排右三）与一师领导合影。

苏中七战七捷前，华中军区新一师副政委王集成（前排中）与师部部分领导人员研究作战计划后合影。

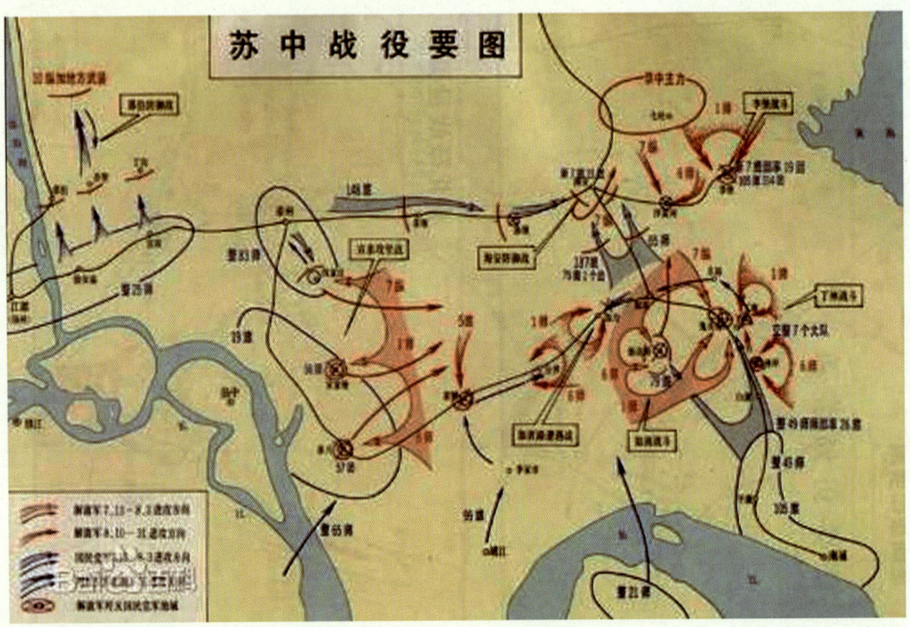

1946 年 7 月 13 日至 8 月 31 日，粟裕、谭震林指挥华中野战军包括王集成政委的第一师在内的 30000 兵力，在苏中同 12 万国民党军队作战，连续取得宣泰、皋南、海安、李堡、丁堰、邵伯、如黄路等七次战斗的胜利，共歼敌 53000 余人。王集成的第一师也在战斗中成长壮大。

1948 年 11 月，王集成率部参加了淮海战役。图为我部向敌军发起总攻和俘虏被成群地押出战场。

1949 年 10 月，王集成欢送张云逸(右八)南下广西时在济南火车站与贺龙(右六)、许世友(右四)等合影。

1949 年 3 月，王集成任山东省军区政治部主任。图为山东省军区政治部全体工作人员合影(左二为王集成)。

国防建设传捷报　强军卫国立新功

新中国成立后，王集成任华东航空处政委兼党委书记、上海防空军政治部主任、华东空军政委兼党委书记。1952年初，华东空军已发展到9万多人，有6个歼击师、2个强击师、1个轰炸师、1个独立混成旅以及济南、南京、上海、杭州、福州等十几个空军基地，基本完成了华东空军的组建任务。

1950年5月23日，王集成（前排右四）与出席华东军区航空政治部首届政工会议的全体代表合影。

王集成与战友们一起，呕心沥血，白手起家，建设了牢固的华东防空网。图为华东军区空军笕桥基地的记忆速写画——六预校新校址艮山门、由日寇骑兵部队马棚改造的中队学员宿舍、学员列队进入机棚听大报告。

艰苦奋斗建铁道　“三荣精神”永流芳

王集成任铁道兵副政委期间，为加强铁道兵部队转型时期的干部队伍建设和思想政治工作，以及建设我国的交通大动脉兢兢业业、呕心沥血，做出了重大贡献。

1957 年 1 月，王集成调任中国人民解放军铁道兵副政委。他关心革命老区的建设。为了配合“小三线”建设，1958 年至 1961 年，铁道兵某部奉命建设了鹰厦铁路的支线“漳龙坎铁路”。该线从鹰厦铁路漳平站引出，经龙岩至永定坎市，全长 98 公里，由漳龙铁路和龙坎铁路组成。

以艰苦为荣，劳动为荣，当铁道兵光荣！

——王集成

王集成在铁道兵工作期间，总结并倡导了“以艰苦为荣，劳动为荣，当铁道兵光荣”的“三荣”精神，为部队的思想建设做出贡献。

1959年,铁道兵司令员李寿轩和副政治委员兼政治部主任王集成视察铁道兵施工现场。

王集成深入部队,到基层调查研究,加强思想政治工作,总结铁道兵建设的经验,为新中国的铁路建设打下了良好基础。

王集成不顾身患心脏病、糖尿病,克服青藏高原的高原缺氧、东北荒原的皑皑白雪、西南山区的道路坎坷等困难,深入铁路现场,忘我工作。

一代名将功勋著　精神风范壮军魂

王集成同志追悼会在京举行

叶剑英、邓小平、李先念等送了花圈

新华社北京5月25日电　中国共产党优秀党员、我军优秀指挥员和政治工作者王集成同志的追悼会今天下午在铁道兵礼堂举行。

叶剑英、邓小平、李先念、刘伯承、徐向前、聂荣臻、王震、韦国清、方毅、杨尚昆、杨得志、余秋里、张廷发、许世友、黄克诚、彭冲、粟裕、张爱萍、张劲夫等同志，政协全国委员会、中共中央军事委员会等单位，送了花圈。

王震、彭冲、肖克、王平、李志民、李聚奎、何正文、朱云谦、黄光义等领导同志和指战员600多人参加了追悼会，并向王集成同志的遗体告别。

王集成同志是第五届全国政协委员，曾任铁道兵副政治委员，于1983年5月11日在北京病故，终年77岁。

王集成同志是福建省上杭县人。第二次国内革命战争时期，他参加我党领导的闽西暴动，转战于闽山赣水之间，参加过艰苦卓绝的反“围剿”斗争，1934年跟随毛主席进行了二万五千里长征。曾在刘伯承同志指挥下，率部智取遵义，受到党中央表扬。抗日战争时期，他受党的派遣，回到闽西游击根据地，积极参加组建新四军二支队的工作，并同张鼎丞、粟裕等同志在江南坚持独立自主地抗日游击战争。第三次国内革命战争时期，他参加了苏中“七战七捷”和孟良崮、济南、淮海等重大战役、战斗。新中国成立后，他为铁道兵建设和完成战备、施工任务，作出了贡献。

追悼会由中央军委副秘书长洪学智主持，中央顾问委员会委员旷伏兆致悼词。

悼词说，半个多世纪以来，王集成同志驰骋沙场，作战勇敢，指挥沉着，战功卓著。他几十年如一日，勤勤恳恳为人民服务，任劳任怨为党工作。他的一生，是革命的一生，战斗的一生。

1983年5月26日，《人民日报》报道了王集成逝世的消息。

1955年，王集成被授予少将军衔，荣获二级八一勋章、一级独立自由勋章、一级解放勋章。

纪念王集成同志百年诞辰
他从大山中走来
身经百战 出生
艰苦朴素 刚直

王集成半个多世纪以来驰骋沙场，身经百战，作战勇敢，指挥沉着，出生入死，战功卓著。他几十年如一日，无限忠于党的事业，立场坚定，爱憎分明，大公无私，刚直不屈，艰苦朴素，作风正派，实事求是，追求真理，兢兢业业，勤勤恳恳为人民服务；老老实实，任劳任怨为党工作。他的一生，是革命的一生，战斗的一生，是我军一位优秀指挥员和优秀政治工作者。

——中共中央军事委员会

王奇才少将

（1903—1976）

王奇才，上杭县才溪乡下才村人，1929 年 7 月加入中国共产党，并参与组织才溪农民暴动，同年 9 月参加中国工农红军；参加红军后，曾任红十二军第二纵队五支队副官、红四军第一师军医处政治委员、红一军团第二师卫生部长、军团野战医院副院长、红一军团卫生部政治委员，参加了一至五次反“围剿”作战和二万五千里长征；抗日战争时期，历任中央军委卫生部政治处主任、八路军前方指挥部卫生部政治部主任、冀中军区第九军分区副政治委员、冀中分区政治部组织部长等职；解放战争时期，历任冀中军区政治部主任、河北省军区政治部主任等职。

中华人民共和国成立后，王奇才曾任河北省军区政治委员；1955 年被授予少将军衔，荣获二级八一勋章、一级独立自由勋章、一级解放勋章。

穷人孩子闹革命　才溪暴动当先锋

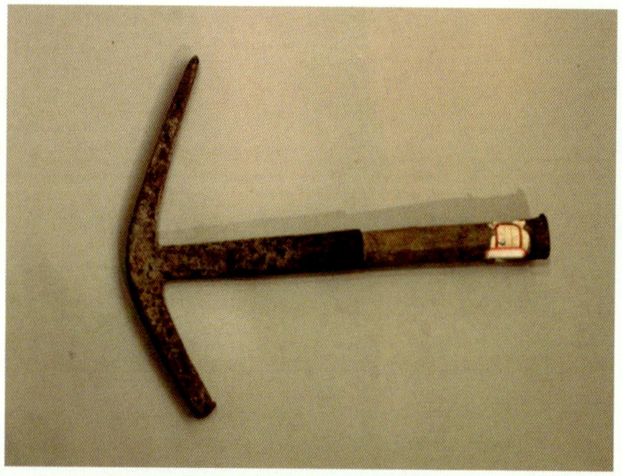

王奇才，原名王笃行。家中有三个弟弟。10岁时辍学，14岁外出打工做泥水匠。图为王奇才打工用过的工具——洋头。

1927年8月，王奇才报名参加了农民协会。图为才溪农民协会旧址——才溪天后宫。

1928年，闽西特委派李天富、罗化成到才溪继续秘密组织农民协会、发展党员，建立中共才溪党支部。七月，王奇才在下才溪水茜坑林应三家宣誓入党。图为才溪第一个党支部成立地点水茜坑的土楼。

1929年7月21日，王奇才参与发动和参加才溪人民的第三次武装暴动。暴动时他冲在队伍的前列。图为暴动时用过的一批武器和旗帜。

才溪人民武装暴动成功后，才溪乡建立了红色政权，开展了如火如荼的打土豪分田地的革命斗争。王奇才参加了赤卫队，任军需长。1929年9月，王奇才参加红军。后来他的弟弟王容行、王波行、王步行也先后参加了红军，他家成为乡里光荣的“红军之家”。图为王奇才任军需长时用过的公文箱。

医卫岗位逞赤胆　万里长征暖军心

1930 年 6 月底，王奇才跟随红一军团在毛泽东、朱德的率领下，离开了红色的闽西，开始远征南昌。参加了攻打南昌、文家市、长沙、吉安等战斗。图为文家市战斗地点。

1930 年 10 月，王奇才任红四军十二师军医处处长。虽是外行，但他工作认真负责，关心伤病员的疾苦，亲自采集中草药，改善医疗条件，使伤员尽快伤愈归队，有力地保证了部队的战斗力，多次受到上级表扬。图为王奇才学习用的《政治委员工作须知》。

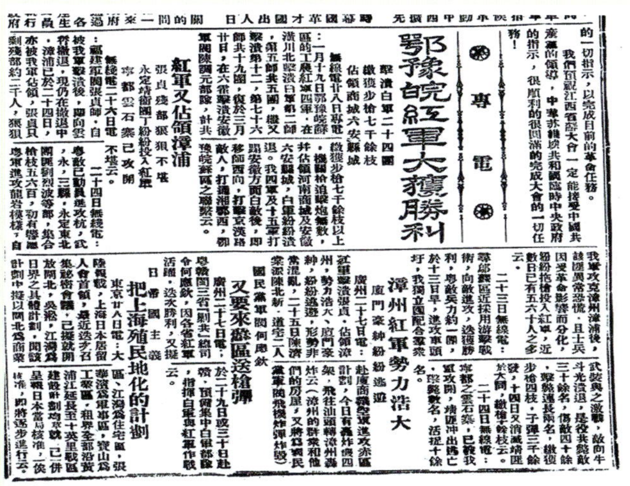

專電

鄂豫皖紅軍大獲勝利

紅軍又佔領漳浦

漳州紅軍勢力浩大

把上海殖民地化的計劃

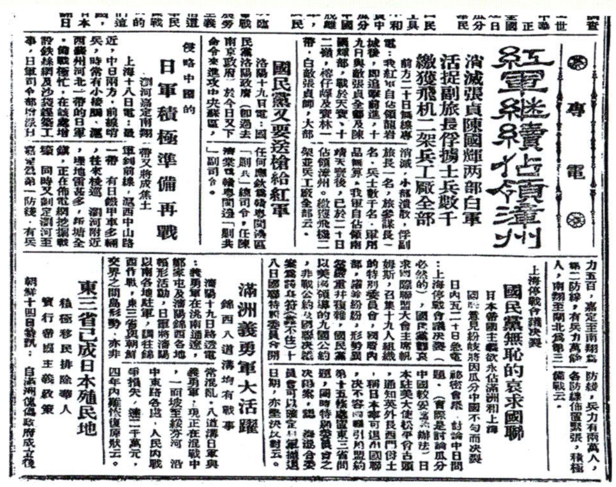

專電

紅軍繼續佔領漳州

國民黨又要送槍給紅軍

日軍積極準備再戰

國民黨無恥的哀求國聯

滿洲義勇軍大活躍

東三省已成日本殖民地

1932 年 3 月，毛泽东亲率红一军团三军、四军和五军团十五军组成东路军，以闽西老区为依托，打出外线，开辟闽南新区。王奇才利用在龙岩、上杭一带做过泥水匠有熟人的优势，与地方党组织取得了联系，为部队筹集粮草，侦查龙岩、漳州敌人的兵力部署情报做了大量工作。图为《红色中华》报道红军进占漳州胜利的消息。

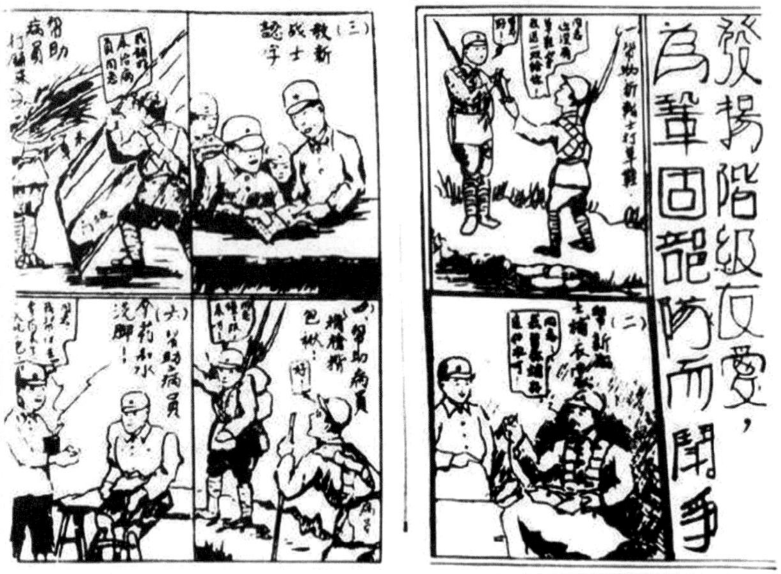

1932 年 10 月，王奇才任红十一师卫生部政委，参加了红一方面军第三次卫生工作会议。此时的王奇才，已经成长为红军队伍当中一名成熟的卫生战线领导干部了。图为红军连环画《发扬阶级友爱，为巩固部队而斗争》。

红一军团进行改编时，王奇才由红十一师卫生部政委改任红五团卫生队指导员、卫生队长。1933 年 9 月，王奇才任红二师卫生部部长。王奇才从党的建设做起，加强官兵团结，战斗士气高涨。图为当年红军的宣传画《党支部是火车头》。

1934 年 7 月，王奇才任红一军团野战医院副院长。由于卫生干部缺乏，医院通过大量工作，争取了许多俘虏做医务工作。图为艰苦奋斗创办起来的红军医院。

红军长征中,王奇才担任红一军团卫生部野战医院(随军行动)副院长。他克服缺医少药困难,因陋就简,为指战员得到及时医治做了大量的工作。战斗前,王奇才亲自寻找隐蔽、安全的洞穴或寺庙作为野战医院场所,组织医生紧急抢救。每到一个驻地便打听、聘请当地的医生为指战员疗伤。对俘虏的医官耐心做思想工作,宣传党的政策,使其愿意为红军服务。王奇才参加湘江战役时,抢救伤员为最多。图为湘江战役纪念地。

右路军改为红军陕甘支队后,王奇才任第一纵队第五大队卫生队队长、红一军团后方医院政治委员和军团卫生部政治委员。1935 年 7 月 9 日,红军到达毛尔盖,王奇才兼任军团野战医院一连连长。途中遭敌人围追堵截,敌机轰炸,伤病员很多,他经常将自己的马让给伤病员骑。图为毛儿盖。

1935 年 10 月,王奇才在强渡渭水的战斗中,与敌骑兵作战时被敌人飞机炸伤 2 处仍坚持工作。图为渭水河。

抗日救国酬大志　出生入死建奇功

1937 年 8 月，王奇才进入抗日军政大学第三期学习。学员开学以后，为解决住房和教室紧张问题，王奇才发挥当过建筑工人的优势，充当技术指导，亲自动手挖窑洞，建设新的校舍，被大伙称为“土专家”。图为抗大学员在挖窑洞建校舍。

1937 年，王奇才(左)和刘忠在延安。

1938年3月，经过半年多的学习，王奇才从抗大毕业后，被分配到延安军委总卫生部政治处当主任。图为王奇才荣获的建军骨干纪念章。

1939年8月，总部机关再次精简，卫生部政治部与后勤政治部合并，王奇才任军委总后勤部政治部组织科科长。1940年11月，王奇才带病到冀中军区任组织部副部长。图为王奇才来到晋察冀军区所在地阜平县。

冒死鸣枪引日军　部队转移脱险境

1941年，王奇才带剧社去慰问部队，在安平县满子营演话剧《日出》时，遭到敌人袭击。王奇才镇定自若，挺立在滹沱河北岸，指挥部队和群众向南岸转移。当日军逼近时，王奇才鸣枪策马西奔，机智地将敌人的搜索部队引向自己，掩护部队安全渡过了滹沱河。图为滹沱河。

1942年，日本驻华北方面军司令官冈村宁次，调集5万兵力亲自指挥，从5月1日开始对冀中抗日根据地进行残酷的十面出击、铁壁合围、反复清剿的大“扫荡”。为了应付扫荡，冀中军区将一部分人员派到各个军分区，帮助指导反“扫荡”战斗。王奇才副部长带部队在安新、任丘、肃宁一带活动。图为部队乘胜追击敌人。

1942年5月，王奇才率领九分区第十八团，几经周折，转移到深县、献县、饶阳的接合部，同警备旅王长江旅长指挥的警一团、七分区的三十团等部队会合。部队会合以后，仍没有跳出敌人的包围圈。紧急情况下，被围部队组成指挥部，由王长江任司令员，王奇才任政治委员。次日他们遭到5000多日军的包围，决定于夜间突围。王奇才分别对部队进行战斗动员，鼓励大家冲出重围。他的沉着坚定给了部队很大鼓舞，保证了突围的胜利。图为部队突围场景。

1942 年 6 月，王奇才突围后来到白洋淀地区，把剩下的机关人员和部队带到路西根据地，同时着手成立“冀中军区干部收容总站”，对在“扫荡”中被打散后的干部、战士进行收容，然后加以编组、休整，分批转到路西根据地去。图为白洋淀上的转送收容站。

1942 年 8 月，王奇才率部到达路西根据地后，对机关、部队干部进行了整顿，以及对冀中军区的工作进行检查和总结，同时参加冀中军区领导干部会议。图为部队指战员在学习拥政爱民公约。

1943 年 5 月，王奇才参加晋察冀中央局党校整风学习。9 月，王奇才到冀中任九分区副政委兼任地委书记。图为王奇才参加党校整风学习。

1945年4月27日，王奇才在任丘西关，指挥四十二区队和任丘县大队、各区小队和广大民兵包围任丘县城，部署高阳、蠡县大队和二十四团群众支援，一举攻克任丘。图为欢迎胜利归来的部队。

1944年11月，冀中军区重组，王奇才担任军区政治部组织部部长。图为王奇才(一排左四)在冀中。

1945年3月，遵照中央关于整训部队和民兵的指示，冀中军区成立练兵团，王奇才兼任副政委、军区政治部副主任。图为驻地在完县南清醒、神南镇一带进行民兵训练(上图)和王奇才为练兵团先进单位发奖(右图)。

解放大军展雄风　后勤保障立大功

1947 年，为加强后勤供给和支前工作的组织领导，华北局、华北军区决定成立冀中军区后勤司令部，王奇才担任冀中军区后勤司令部司令员。王奇才狠抓收、运、储三个环节，采集医疗器械药品等紧急物资，为保证部队物资运输和供给做了大量工作。图为在王奇才的组织下，群众在修筑铁路，迎接部队南下。

1948 年 11 月，平津战役开始，王奇才组织民工支前，发动担架团、民兵团 84 个，保证了部队供应，同时王奇才带病组织民兵团阻击敌九十四军偷袭石家庄，受到野战军和华北局、冀中区党委的表扬。图为支前民工为部队挑运粮食。

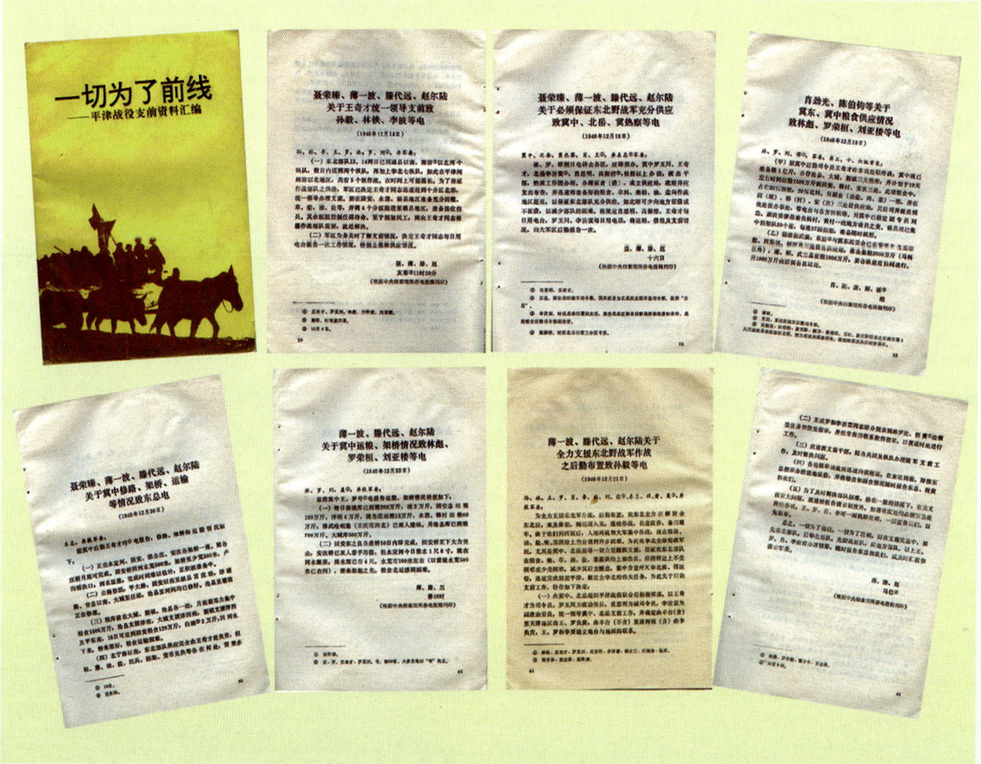

1992 年中央党史出版社出版的平津战役支前资料汇编《一切为了前线》，刊载了 1948 年 12 月，各级领导关于指示王奇才等做好平津战役后勤保障工作，以及后勤部门向上级领导汇报工作情况的电令。

1949 年 1 月，解放天津的战斗打响，王奇才率领政治部积极做好支前工作，动员河北省 50 万军民支持天津前线，有力地支援了天津的解放。图为天津郊区人民用毛驴驼粮慰劳参战部队。

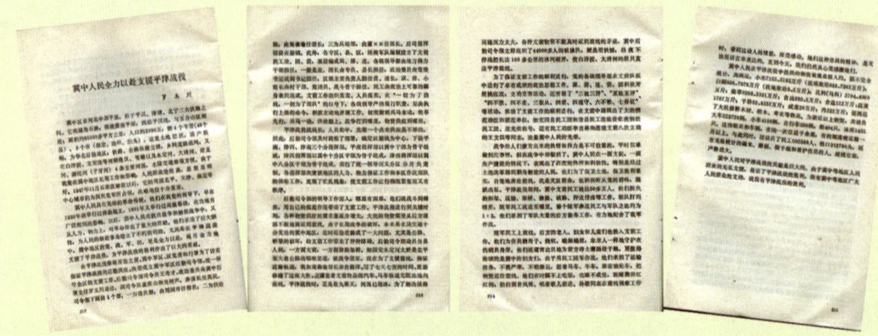

冀中人民全力以赴支援平津战役

罗玉川

冀中后勤司令部罗玉川的回忆文章：《冀中人民全力以赴支援平津战役》，回忆了在王奇才司令员的领导下，紧紧依靠群众，战胜一切困难，后勤工作取得巨大成绩，有力地配合平津战役的情形。

1949 年 8 月，冀中、冀南、冀东军区合并成立为河北省军区，王奇才任政治部主任。图为王奇才（左二）参加河北省救灾委员会成立时的合影。

不忘初心葆本色　严于律己树新风

新中国成立后，王奇才任河北省军区政治部主任、副政委、政委等职。他在政治思想工作上总结一整套适合部队特点、行之有效的经验，为部队革命化建设做出了积极贡献。1953 年 10 月，任中国人民赴朝慰问团总团第六总分团副团长，赴朝慰问中国人民志愿军和朝鲜军民。

王奇才全家合影。

新中国成立初期，王奇才(后排左一)和河北省军区领导同志合影。

1950 年 3 月 28 日，王奇才参加邯郸军分区党代会的合影。

1953 年，王奇才（左一）率赴朝慰问团到朝鲜。

20 世纪 50 年代初，王奇才（后排右三）参加河北省政治协商会议的合影。

1953 年，杨勇（左四）、王奇才（左一）率赴朝慰问团到朝鲜。

20世纪60年代初，王奇才(二排左一)和河北省军区领导同志合影。

20世纪70年代，王奇才在北戴河疗养院。

王奇才在才溪与家人合影。

战友报

河北省军区原政治委员

王奇才同志追悼会在北京举行

王奇才同志遗像

本报消息 河北省军区原政治委员王奇才同志，因病医治无效，于一九七六年二月十九日在北京逝世，终年七十三岁。

王奇才同志的追悼会，于二月二十四日下午在八宝山革命公墓礼堂举行。礼堂里挂着王奇才同志的遗像，安放着王奇才同志的骨灰盒。

中共北京军区委员会、中共河北省委、河北省革命委员会、中共天津市委、中共河北省军区委员会、河北省军区送了花圈。

送花圈的还有，北京军区司令部、政治部、后勤部和河北省军区司令部、政治部、后勤部，河北省军区各军分区、各师等单位。

总参谋部、总政治部、总后勤部、北京军区、中共河北省委、河北省革命委员会、河北省军区等单位的负责同志参加了追悼会。

追悼会由河北省军区司令员马辉同志主持，河北省军区政治委员曾美同志致悼词。

悼词中说，王奇才同志，出身于贫农家庭，十六岁至二十六岁当工人，深受地主、资本家的残酷剥削和压迫，曾参加和领导本村的农民暴动，于一九二九年参加中国工农红军，同年九月加入中国共产党。在第二次国内革命战争时期，历任赤卫队军需，师军医处处长、政委，师卫生部部长，军团卫生部政委等职，参加了两万五千里长征；在抗日战争时期，历任军委总卫生部政治部主任，冀中军区政治部组织部副部长，分区副政委，并代理地委书记，冀中军区政治部组织部部长、副主任、主任，在解放战争时期，任冀中军区后勤司令员；一九四九年成立河北省军区，历任省军区政治部主任、副政委、政委等职。

王奇才同志忠于党，忠于人民，是中国共产党的优秀党员，是我军久经考验的好干部。四十七年来，在党的领导下，他刻苦学习马克思主义、列宁主义、毛泽东思想，认真改造世界观。他坚决贯彻执行毛主席的无产阶级革命路线和党的方针政策。在历次政治运动中，他立场坚定，旗帜鲜明。在离职休养以后，他仍积极参加无产阶级文化大革命，热情支持社会主义新生事物，带病参加批林批孔运动。他对敌斗争，英勇顽强。他对党的工作一贯积极负责，不为名，不为利，勤勤恳恳，全心全意地为人民服务。他具有坚强的无产阶级党性，高度的组织纪律观念，光明磊落，顾全大局，谦虚谨慎，平易近人，关心爱护同志，善于团结干部，密切联系群众，勇于批评与自我批评。他在生活上处处严格要求自己，保持了我党我军艰苦朴素的优良作风。王奇才同志的一生，是革命的一生，战斗的一生。

王奇才同志的逝世，使我党我军失去了一个好党员、好干部，使我们失去了一位好战友。我们悼念王奇才同志，要化悲痛为力量，在毛主席的无产阶级革命路线指引下，以阶级斗争为纲，坚持党的基本路线，认真学习无产阶级专政理论，不断提高阶级斗争、路线斗争和继续革命的觉悟，坚决回击右倾翻案风，热情支持社会主义新生事物，巩固和发展无产阶级文化大革命的伟大成果，不断加强无产阶级专政，抓革命、促生产、促工作、促战备。在毛主席为首的党中央领导下，团结起来，争取更大的胜利！

参加追悼会的各单位负责同志向王奇才同志的家属及其子女表示亲切慰问。

追悼会结束后，王奇才同志的骨灰盒安放在八宝山革命公墓，骨灰盒上覆盖着中国人民解放军军旗。

1976 年 2 月 19 日，王奇才因病医治无效在北京逝世，终年 73 岁。

1976 年 2 月 19 日，杨成武参加了王奇才的追悼会，并向其家属表示亲切慰问。图为杨成武慰问王奇才家属时的场景。

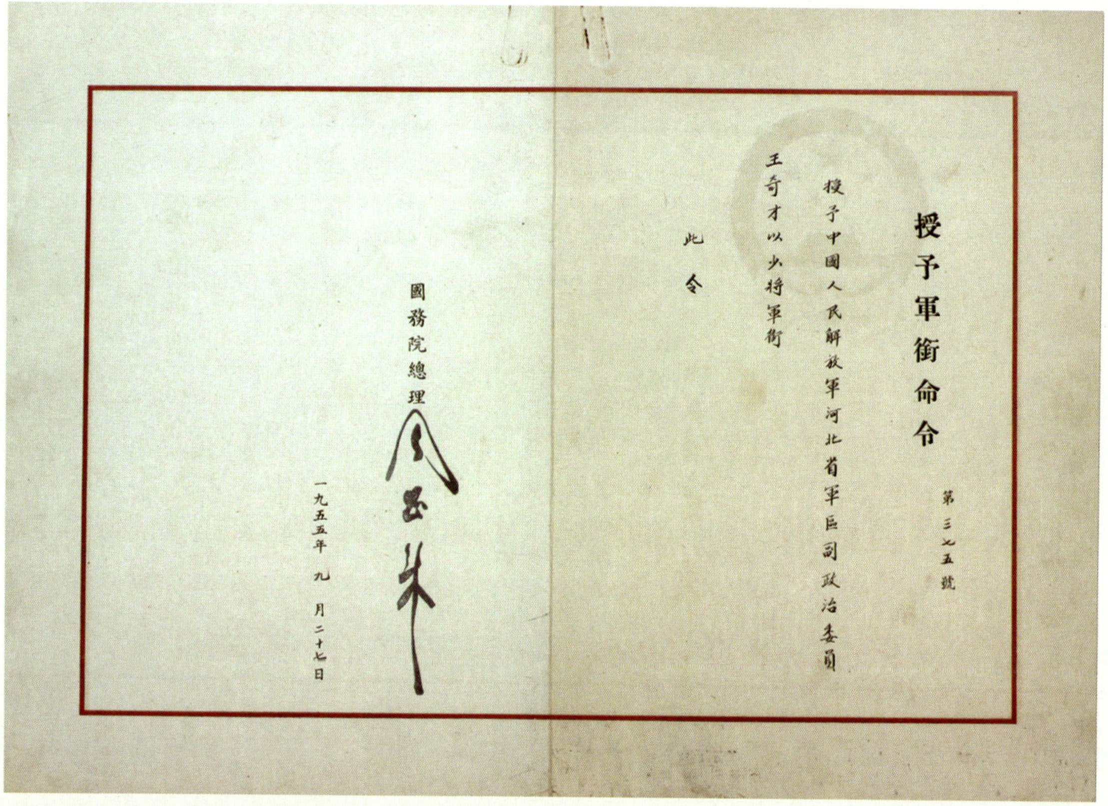

授予軍銜命令

第三七五號

授予中國人民解放軍河北省軍區司政治委員

王奇才以少將軍銜

此令

國務院總理 周恩来

一九五五年九月二十七日

1955 年,王奇才被授予少将军衔,荣获二级八一勋章、一级独立自由勋章、一级解放勋章。

王奇才同志忠于党，忠于人民，是中国共产党的优秀党员，是我军久经考验的好干部。王奇才同志的一生，是革命的一生，战斗的一生。

——中国人民解放军河北省军区

王直少将

（1906—2014）

王直，原名王汉清，上杭县才溪区上才乡人，1929 年参加革命，1931 年参加中国工农红军，1932 年加入中国共产主义青年团，1934 年转入中国共产党。

土地革命战争时期，王直历任福建省军区独立二团勤务员、宣传员，独立十师政治部宣传队组长，中央红军东南作战军二纵、红十九军三十六师、红十二军团三十四师政治部宣传队分队长，福建省军区独立九团政治处干事，福建省军区第二作战分区政治部宣传干事，闽西红军四支队总支书记，闽西南抗日讨蒋军四支队政治处主任等职。

抗日战争时期，王直历任新四军二支队政治部宣传队队长，四团组织股股长，二支队三团、四团政治处主任，二支队政治部组织科长，新四军六师十六旅政治部副主任、四十七团政委，苏南军区第一军分区副政委兼政治部主任，苏浙军区一纵三支队政委等职。

解放战争时期，王直历任新四军六纵十六旅政治部主任，华东野战军六纵十六师副政委、十二纵三十五旅政委，三十军八十九师政委等职。

中华人民共和国成立后，王直任二十军八十九师政委，1950 年 10 月率部参加抗美援朝战争，任志愿军二十军八十九师政委、二十六军政治部主任；回国后，历任三十一军副政委兼政治部主任，福州军区公安军政委，福建省军区副政委，陆军二十八军政委，福州军区政治部副主任、副政委等职。 1955 年，中华人民共和国授予王直中国人民解放军少将军衔，以及二级八一勋章、二级独立自由勋章、一级解放勋章；朝鲜政府授予王直朝鲜民主主义人民共和国二级国旗勋章；1988 年，中央军委授予王直一级红星功勋荣誉章。

1958 年 12 月 23 日,毛主席于广州接见全军政治工作会议全体同志并合影留念(二排左六为王直)。

儿童团长当红军　王直漫画获赞扬

王直，1916 年 7 月，出生于上才溪乡竹子背的贫苦农民家里。读过高小，当过学徒。1929 年 7 月，才溪农民武装暴动获得成功，成立了苏维埃政府，王直当上儿童团长。

王直漫画获得毛泽东的赞扬

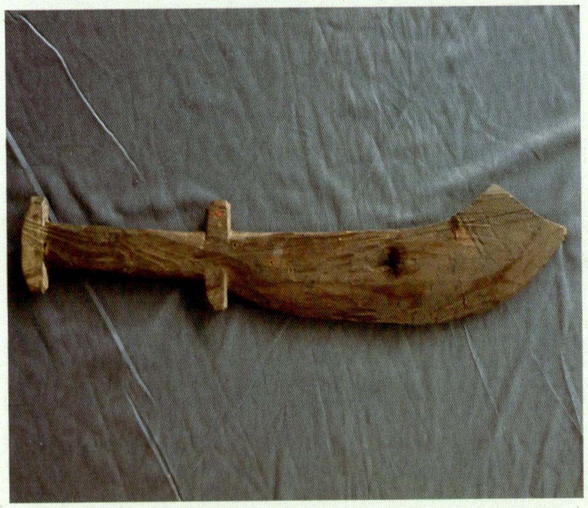

图为儿童团长带领儿童团员站岗放哨时用过的木马刀。

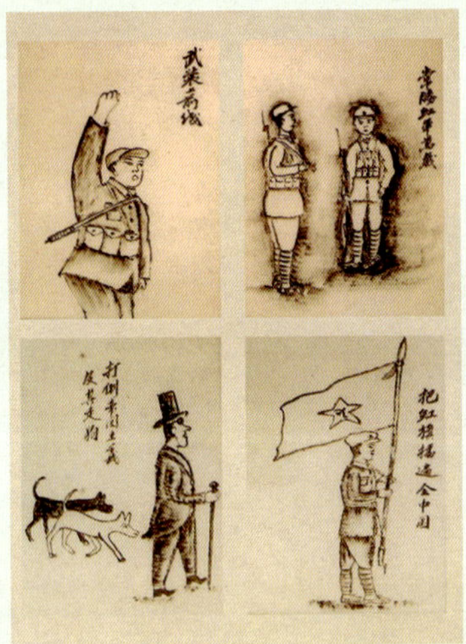

1931 年 5 月，王直参加红军，在福建省军区独立二团第四连任勤务兵。1932 年 11 月，王直在师政治部宣传队任漫画组组长。1933 年初，毛泽东在宁化去部队看望福建省军区独立第十师时，看到王直画的漫画后，赞扬说：**“这幅画画得好，不识字的人也能看懂。”**

三年游击岁月艰　江南山区惩腐恶

主力红军长征后，王直随红九团，面对极其险恶的斗争环境，穿梭于闽西南的崇山峻岭之间，不畏艰险，不怕牺牲，英勇杀敌，坚持了艰苦卓绝的三年游击战争，为保卫苏区人民，确保闽西革命红旗不倒，做出了重大贡献。

1934 年 10 月，主力红军长征以后，蒋介石布置了 8 个师的兵力向各根据地进行残酷的“清剿”。王直随红九团向永、和、埔转移，在永定金丰区坚持开展游击斗争。图为金丰大山。

1935 年 6 月，王直随红九团进入了红三团的游击地区——平和县三坪地，与红三团、闽南特委取得联系，在闽西南开展游击战争。同年 11 月，红九团被迫离开闽南红三团原根据地。图为平和县三坪寺。

1935 年 3 月，蒋介石阴谋扑灭留在闽西的革命火种，纠集 20 多万兵力围攻游击根据地。面对国民党白色恐怖，陈潭秋、张鼎丞、邓子恢、谭震林等成立了闽西南军政委员会。王直调到秘书处工作，兼交通站站长。图为在福建平和长乐乡烈士陈彩芹故居中，王直留下的手迹。

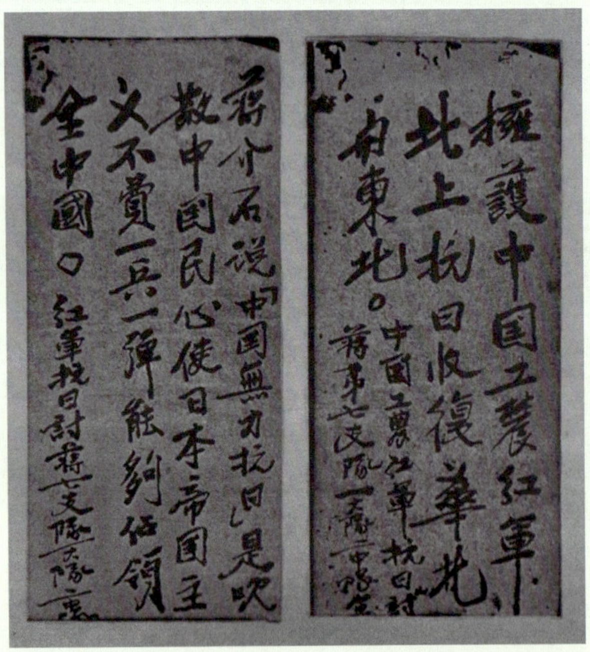

1936 年 6 月，闽西南军政委员会把闽西南部队改编为“中国工农红军闽西南抗日讨蒋军”，王直任红四支队政治处主任兼总支部书记。图为部队写的抗日讨蒋标语。

1937 年 9 月，闽西红军游击队整编为闽西红军抗日义勇军。王直任第一支队二营四连政治指导员。按上级要求红军部队要换上国民党军装。图为王直换装后在福建永定下洋的留影。

弯弓射日战功著　出生入死卫中华

抗日战争时期，王直参加了苏南和浙西八年抗战的战役战斗，英勇顽强，出生入死地投入抗日洪流，为抗战胜利做出了杰出贡献。

1937年10月，闽西南游击队改编为新四军二支队。1938年2月，王直被调任新四军二支队政治部宣传队队长。3月1日，率领宣传队共100多人，随新四军二支队从龙岩白土出发，经小池、古田、新泉、汀州、古城、于都、吉安、玉山，于4月初抵达皖南岩寺潜口。行军途中，王直率领宣传队积极宣传党的抗日救国政策，编演节目、写标语、演讲、散发传单等，扩大了政治影响，激发了群众抗日救国热情。图为部队出发时举行的誓师大会。

1939年5月，王直被调新四军二支队三团任政治处主任。图为新四军驻地泾县云岭村。

1939年10月，王直奉命到皖南军部教导队第九队（高干队）学习（二排左四为王直）。1940年4月提前毕业，王直任新四团政治处主任。

1940年6月，新四军二支队廖海涛副司令员率新四团三营发起赤山战斗，王直在部队协助指挥。此战全歼南浦旅团岗本联队的吉田中队，打死打伤日军100多人，俘虏2人，缴获九二式步炮1门，陈毅司令员当即发电嘉奖。图为王直抗战参战地江苏句容赤山。

1941 年 10 月 12 日，新四军十六旅于塘马召开新四军成立四周年纪念大会。

1941 年 11 月，日军 3000 余人、伪军 800 余人，奔袭合围驻扎在溧阳县塘马村附近的十六旅旅部和苏皖区党政领导机关。当时，塘马及周边党政军机关有 1000 多人，而武装力量只有 500 余人。在紧急情况下，王直奉罗忠毅、廖海涛命令率机关电台人员、党政军机关人员突围并安全转移到黄金山地区。旅长罗忠毅、政委廖海涛为阻击敌人而牺牲。随后，王直任政治部副主任。图为抗战时的塘马村。

1944年秋，苏南的主力部队需要扩大，四十七团和另一个兄弟团同时竞争一个主力名额，王直的四十七团以卓越的战果上升为主力部队。图为1944年10月22日，新四军十六旅四十七团一营各连机枪班于浙江长兴槐花堪的合影。

1945年1月中旬，苏浙军区成立，粟裕任司令员，谭震林任政治委员，十六旅改编为第一纵队，下辖三个支队，四十七团番号改为第三支队，王直任第三支队政治委员。图为王直参战地浙江安吉山区。

亮剑疆场如席卷　战功卓著逞英豪

在解放战争中，王直转战大江南北，英勇果断，战功卓著，为打垮蒋家王朝建立新中国做出贡献。

1946年4月上旬，王直参加了华中野战军发起的苏中战役。图为战士在前沿阵地狙击敌人。

1947年2月20日，华东野战军发起莱芜战役。王直亲自到四十八团主攻部队指挥，全歼了固守吐丝口的敌人1000余人，有力地配合兄弟部队取得莱芜战役的重大胜利。图为我军向莱芜进军。

1947年5月，孟良崮战役打响后，王直率部参加了攻占垛庄，断敌七十四师退路的战斗。图为我军奔赴孟良崮战场。

1947年10月，王直奉纵队首长指示，任“荣归团”团长兼政委，与谢胜坤同志到渤海后方医院动员伤愈后的人员归队，受到陈毅司令员的表扬。图为王直率“荣归团”南渡黄河准备参加豫东战役。

1948年底，王直被调十二纵队，参加淮海战役，率三十五旅第一个攻进徐州城，并率领一个主攻团攻占刘庄，一口气吃掉了国民党新五军第二〇〇师，活捉敌师长周郎，歼敌5000余人。十二纵三十五旅改番号为第三十军八十九师，王直任师政治委员。图为我军攻进徐州城。

1949 年 4 月,党中央发出了“打过长江去,解放全中国”的命令。图为 4 月 21 日,王直率八十九师师部在安徽芜湖获港渡过长江。

1949 年 5 月 12 日,上海战役打响;5 月 27 日,上海解放。八十九师奉命驻川沙、南汇一带,王直兼任上海市浦东川沙军管办事处主任。渡江、淞沪两次战役,八十九师共歼敌 7028 人,俘敌军长以下 5889 人。图为我军战士冲过苏州河,向上海市区攻击。

1949 年 10 月 1 日,王直在上海浦东各界庆祝中华人民共和国开国庆典大会上讲话。

抗美援朝扬国威　痛歼美帝护和平

王直在抗美援朝战争中，不断激励志愿军广大指战员，要以保家卫国的决心，痛歼美帝，戳穿美帝纸老虎的本质。由作家巴金写的小说《团圆》改编的著名电影《英雄儿女》中的王主任的原型，就是二十六军政治部主任王直。

志愿军第二次战役中，王直率部在东线作战取得胜利后，从师政委被提升为二十六军政治部主任。

1950年9月，在赴朝作战前夕，志愿军八十九师领导，同二十军军长张翼翔（中）、师长余光茂（右一）、副师长陈玉才（左二）、政治部主任罗代周（左一）、政委王直（右二）在部队合影。

1950年11月27日，志愿军第二次战役东线作战打响。王直率部围歼社仓里之敌，连续打退敌七次进攻，还坚决追击全线溃退后向南逃窜的敌人。歼灭美军第三师七团二营大部，美陆战一师运输第七大队一部，美军陆战一师一团一部，共毙伤敌军12452名，俘敌300余名（其中美籍俘虏219人），以及大量军用物资。这是王直出国以来第一战，受到了第九兵团的嘉奖，中央人民广播电台向全国人民报道了这一胜利的消息。第二次战役结束后，王直被任命为第二十六军政治部主任，也是唯一一个在朝鲜战场上受到提拔的我军高级政工将领。图为志愿军第二次战役战斗的一个场景。

志愿军二十六军政治部主任王直与副主任曹普南(右)在坑道内学习。

1952年3月,志愿军第十五军军长秦基伟(后中)、参谋长张蕴钰(右一)在交接防时,与第二十六军军长张仁初(左二)、政委李耀文(左一)、政治部主任王直(右二)合影。

1952年2月,王直在朝鲜平康前线坑道内起草战时政治工作文件。

王直紧抱文件,手拿书籍,刚从防空洞中出来。

1952年6月，志愿军二十六军奉命返回祖国。图为部队通过鸭绿江浮桥后经过凯旋门时的情形。

1952年6月5日，二十六军离朝回国。图为在即将离开前线时，王直与副军长张铚秀(左)两人，最后展望朝鲜的河山，回顾艰苦作战的日日夜夜。

1952 年 8 月，志愿军第二十六军在山东张店召开全军第二届政工会议。二排正中间者为王直。

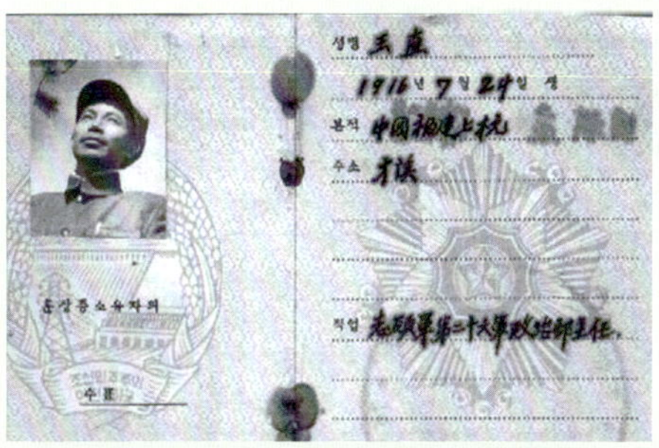

王直被授予朝鲜民主主义人民共和国自由独立勋章证书。

王直荣获的朝鲜民主主义人民共和国二级自由独立勋章。

王直荣获的朝鲜民主主义人民共和国二级红旗勋章。

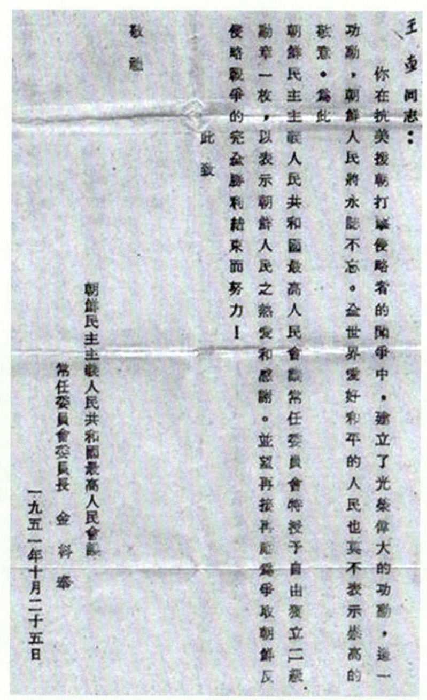

王直同志：

你在抗美援朝打擊侵略者的鬥爭中，建立了光榮偉大的功勳，這一功勳，朝鮮人民將永遠不忘。全世界愛好和平的人民也莫不表示崇高的敬意。爲此朝鮮民主主義人民共和國最高人民會議常任委員會特授予自由獨立二級勳章一枚，以表示朝鮮人民之熱愛和感謝。並望再接再厲爲爭取朝鮮反侵略戰爭的完全勝利結束而努力！

此致

敬禮

朝鮮民主主義人民共和國最高人民會議常任委員會委員長 金枓奉

一九五一年十月二十五日

朝鲜民主主义人民共和国最高人民会议委员长授予王直自由独立二级勋章命令。

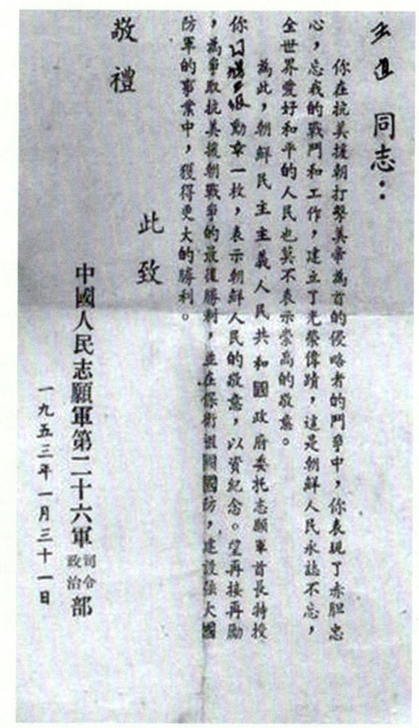

王直同志：

你在抗美援朝打擊美帝爲首的侵略者的鬥爭中，你表現了赤膽忠心，忠義的戰鬥和工作，建立了光榮偉蹟，這是朝鮮人民永誌不忘，全世界愛好和平的人民也莫不表示崇高的敬意。

爲此，朝鮮民主主義人民共和國政府委托志願軍首長特授你以國旗二級勳章一枚，表示朝鮮人民的敬意，以資紀念。望再接再勵，爲爭取抗美援朝戰爭的最後勝利，並在保衛祖國國防，建設強大國防軍的事業中，獲得更大的勝利。

此致

敬禮

中國人民志願軍第二十六軍司令部政治部

一九五三年一月三十一日

朝鲜民主主义人民共和国政府授予王直二级国旗勋章命令。

扎根海防最前线　强军卫国显忠诚

王直抗美援朝回国后，扎根海防最前线，为海防前线部队和公安队伍的革命化、现代化和正规化建设，为大陆连接厦门岛的海堤建设、鹰厦铁路建设倾注心血，为党的强军事业做出贡献。

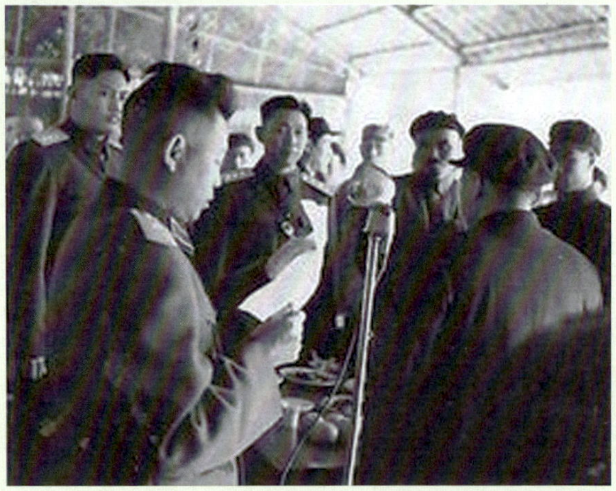

1955年11月，王直任福建省公安军政委、党委书记时，在福建军地联防会议上讲话。

1953年9月，王直任第三十一军副政委兼政治部主任，驻守在对敌斗争的最前哨——厦门岛。图为王直在视察厦门岛。

1957年下半年，公安军改编为福建省军区，王直任副政委、党委副书记。图为王直与刘振球在福建省公安军任职时在福州仓前山的合影。

1978 年,王直当选为第五届全国人民代表大会代表。图为福州军区第五届全国人民代表大会代表合影(二排右二为王直)。

1980 年 11 月,王直分管福州军区群众工作。图为王直到闽西南老区看望当年游击战争时期的老接头户。

1981 年 8 月 8 日,原国民党空军第五联队少校考核官黄植诚,驾驶 F-5F 战斗教练机起义,在福州机场着陆。图为王直接见驾机起义归来的黄植诚。

苍松气节固初衷　将军画艺至峥嵘

王直自幼就喜爱书画，颇有一番艺术造诣，是一名典型的将军书画名家。王直晚年，把更多的精力投入到他的笔墨丹青，用他的画笔记忆当年走过的大好山川，抒发革命的壮志豪情。王直一生创有画作一千多幅，出版了五本个人画册，办过六次画展。他的国画作品《泰山松》作为国家礼品赠送给第四次世界妇女大会巴西代表团。他的作品还被北京故宫、中国革命历史博物馆等收藏。

汀江(94×58CM)

1930年6月和1933年11月，毛泽东到才溪乡做调查时经过的地方。

新泉山(95×58.2CM)

古田会议前夕，毛泽东、朱德、陈毅率领红四军在这里进行“新泉整训”。

功勋显赫不居功　老骥伏枥夕阳红

功勋显赫的王直，晚年写了三百多万字的革命史料，关心关爱老区人民，不断发挥余热，造福人民。

1955 年 6 月，王直被中华人民共和国授予少将军衔，荣获二级八一勋章、二级独立自由勋章和一级解放勋章。

1988 年，王直荣获中国人民解放军一级红星功勋荣誉章。

晚年的王直，笔耕不辍，坚持撰写回忆录、整理文稿。从 20 世纪 50 年代起，王直先后撰写并出版了回忆录《从闽西到浙西》、《艰难的历程》、《王直回忆录》，长篇纪实小说《弯弓射日》、《忠于信念》等。他还保存、整理了从 1939 年到 1952 年期间他的军政工作的原始材料，这些材料，在他逝世后半年，以《革命战争年代文稿集》命名出版。他一生留下的革命史料约有三百多万字，是传承我党我军光荣传统的宝贵财富。

1982年，王直退居二线。但是，王直依然忘我地工作着。在人大的工作岗位上，他参与了厦门特区建设研究讨论，与部分老同志共同向党中央领导提出建设赣(州)龙(岩)铁路、梅花山水电站和把紫金矿业开发权下放给老区等建议。他的建议，得到了政府的采纳。

王直率人大工作组到工厂调查研究。

王直十分关心下一代的成长。他担任福建省关心下一代工作委员会顾问等多个教育青少年的社会团体职务，但都不是挂名，而是身体力行，以自己丰富的政治工作经验，做好革命后继有人的工作。江苏溧阳后周中心小学、福州市铜盘小学和上杭县才溪小学等都是王直关心的学校。

王直同志的一生，是革命的一生，战斗的一生，为共产主义事业奋斗的一生。

——中国人民解放军总政治部

王胜少将

（1906—1997）

王胜，上杭县才溪区才溪村人，1929 年参加才溪农民暴动，同年加入中国共产党，1930 年参加中国工农红军；土地革命战争时期，历任福建省军区独立十师司令部参谋、军区教导队队长、独立八团副团长兼参谋长、闽南红三团参谋长等职；红军主力长征后，在闽西南坚持三年游击战争；抗日战争时期，历任新四军第二支队四团参谋长、第二支队参谋长、江南指挥部第四团参谋长、新四军第六师第十六旅参谋长；解放战争时期，历任华东野战军东线兵团司令部参谋处长、华东军区支前司令部参谋长、浙东游击纵队第五支队支队长、苏南军区警备第八旅旅长兼苏州军分区司令员等职。

中华人民共和国成立后，王胜历任福建省龙岩军分区司令员、装甲兵文化学校校长、第六坦克学校校长、中央军委装甲兵学院副院长等职；1955 年被授予中国人民解放军少将军衔；荣获二级八一勋章、二级独立自由勋章、二级解放勋章；1988 年 7 月荣获一级红星功勋荣誉章。

热血青年闹革命　红八团里扬美名

王胜，1909 年出生于贫苦农民家庭，1929 年参加才溪农民暴动，同年加入中国共产党；1930 年，参加中国工农红军，1934 年任红八团副团长。

王胜，原名王近森，先后在官庄高小和上杭县立中学读书。图为王胜故居。

1927 年 8 月，中共上杭县委派了包究生、张楷两位共产党员到才溪进行革命活动。王胜报名参加了才溪农民协会，并积极参加革命宣传活动。图为才溪乡的一角。

1929 年 7 月 21 日，在红四军第一纵队的支持下，才溪人民武装暴动获得成功，王胜参加了暴动。才溪区苏维埃政府成立后，王胜任才溪区少先队团代表。图为才溪区苏维埃政府旧址。

1929 年冬，王胜加入中国共产党。王胜参加红军，任上杭县独立营的连党代表。1931 年夏，王胜进入永定虎岗彭杨军事学校第二大队的轻重机枪连学习。图为彭杨学校校址永定虎岗。

王胜以弱胜强的典型战例

王胜在彭杨军事学校毕业后，历任红十二军第三十六师特务连排长、作战科科员、独立第十师参谋，后调中央红军学校干部队学习，1933 年毕业后，分配到福建省军区教导营任青年队队长。图为长汀十里铺福建省军区司令部旧址。

1934 年 5 月，王胜带领 100 多人到上杭、永定交界地区打游击，后转至永定金丰大山与红八团会合，编入红八团第四连任连长。同月下旬，红八团团部在永定岐岭乡洋背受到广东军阀陈济棠部一个营的突袭。王胜指挥 3 个连的兵力，歼敌 60 多人、打伤 40 多人，这是红八团战史上以弱胜强的典型战例之一。战后，王胜任红八团副团长兼参谋长。图为永定岐岭战斗旧址。

三年游击路坎坷　英勇杀敌惩腐恶

中央红军主力长征后，王胜等人留守闽西南，坚持艰苦卓绝的三年游击战争，为闽西革命红旗不倒，做出贡献。

1935年春，敌人以十几倍于我的兵力，在龙岩搜山"围剿"，实行"三光"政策和移民并村。国民党"清剿"司令、第十师师长李默庵放言"十个拼一个也是胜利"，妄图把红军游击队斩尽杀绝。在这危急关头，王胜率红八团一营突围，并采取分散作战方式，将部队进行整编，成立游击队，王胜任参谋长，打破了敌人的"清剿"美梦。图为红八团坚持游击战争活动地点之一漳平四旺山。

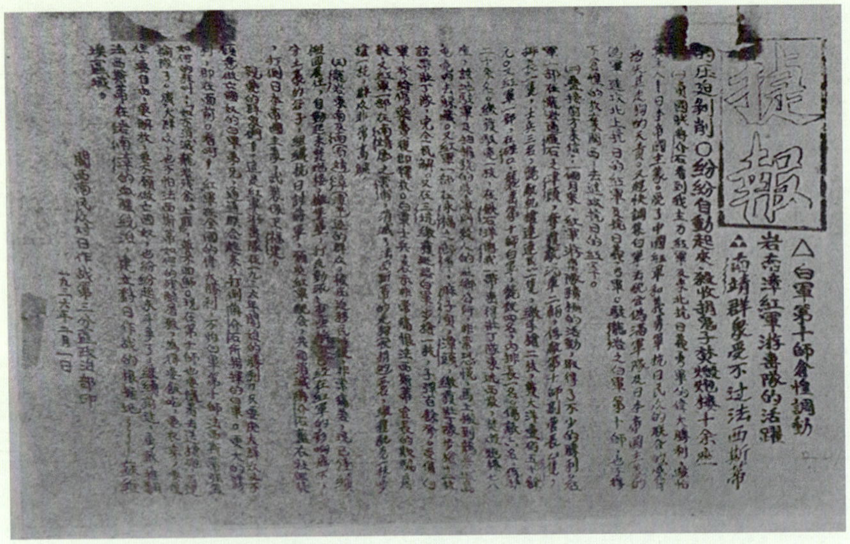

1936 年，红八团在岩南漳一带广泛开展游击战争的捷报。

1936 年，红八团曾在紫金山岰里，消灭国民党军队一个连及伪乡警百余人。图为龙岩紫金山。

王胜与卢胜重建红三团　粉碎国民党的阴谋

1936 年，闽西南军政委员会对红八团进行了改编，王胜任闽西南红三团参谋长。1937 年 7 月 16 日，国民党军队蓄意制造震惊全国的“漳浦事件”，致使红三团严重受挫。当晚，王胜与卢胜果断带领一批骨干突围，并在闽西南特委的领导下，集中了 100 多人，重新组建红三团，彻底粉碎了国民党反动派“红三团已经不存在”的反动宣传，揭露了国民党的假抗日阴谋。图为漳浦县城。

1937 年春节，红八团等部队，在上杭双髻山杀人崈，与广东军阀黄涛部 600 余人激战，毙伤敌数百人。图为上杭双髻山杀人崈。

抗日救国意志坚　痛歼日伪战功著

抗日战争爆发后，王胜转战江南地区，历任新四军二支队四团参谋长、江南指挥部第四团参谋长、新四军第六师第十六旅参谋长等职，先后在茅山地区、太(湖)滆(湖)地区等开展敌后游击战争，巩固和发展抗日根据地。

1938年春，闽西红军游击队与闽南、浙边、汀瑞游击队组成新四军第二支队，王胜任支队第四团参谋长，全团1300多人。1938年2月27日下午，新四军二支队在龙岩白土举行了北上抗日誓师大会。3月1日，王胜从龙岩出发，经过1个多月的长途跋涉，到达安徽歙县岩寺，与新四军第一、三支队会合。5月6日，王胜率全团移往泾县田坊进行整训。5月底，王胜率部挺进茅山地区，为创建茅山抗日根据地做出了重大贡献。图为龙岩白土红场。

1938年8月初，王胜和廖海涛一起率领第四团的大部从安徽南陵出发，为巩固和发展苏南的江宁、句容、溧水、溧阳地区的抗日根据地忘我工作。图为新四军部队在行进中。

1939年冬，王胜进入设在皖南的新四军教导第九队学习。图二排左二起：林如成、黄玉庭、王直、王胜。

1941年1月，蒋介石发动了震惊中外的“皖南事变”，制造了江南千古奇冤。“皖南事变”后，新四军进行整编，新二支队被整编成第六师第十六旅，王胜任第十六旅参谋长兼第四十八团团长。图为王胜与王直合影于溧阳塘马。

为避敌锋芒，王胜率部队撤离茅山，转移到太(湖)滆(湖)地区开展敌后游击战争。1941年11月25日，日寇突然袭击驻在溧水县白马桥地区的第十六旅第四十六团。王胜果断指挥部队英勇还击，为取得白马桥反“扫荡”的胜利立下战功。图为活跃在敌后坚持抗战的新四军部队。

1941 年，王胜在江苏茅山地区与夫人史易合影。

1944 年前后，日寇对浙东游击区进行大"扫荡"。王胜奉命率领浙东纵队五支队攻打田胡子的老巢许岙、梁弄等地。许岙战斗首战告捷。王胜为揭开浙东部队在四明山开展游击战争的新局面做出了贡献。图为王胜在浙江四明山地区打游击时留影。

1945 年 10 月 4 日，王胜率领的五支队在溆浦城遭到了国民党第九十八军四个师的重兵包围，第九十八军军长段霖茂派人送来劝降信。王胜理智率部坚守溆浦。入夜，王胜率五支队从扇子山和隐马山之间的接合部田间小道秘密突围，在拂晓时候越过敌人驻守的山区，为部队安全突围立了大功。图为 1945 年 10 月，王胜(右三)率浙东游击队北撤时在青浦观音堂留影。

孟良崮战亮肝胆　渡江战役扫顽虏

苏北东台整编后，王胜任山东野战军第一纵队第二旅副旅长，后任山东省军区西海第三军分区副司令员、司令员。1947年王胜被调任华东野战军东线兵团司令部参谋处处长，参加了孟良崮战役战斗。图为华东野战军跨过大河，向孟良崮地区挺进。

淮海战役打响后，王胜被调任华东支前司令部参谋长，后任警八旅旅长兼苏州军分区司令员。1949年4月，他参加了渡江战役战斗。7月，率部南下福建。图为渡江战役前的我军步兵阵容。

华野名将展军威　闽西剿匪铸功勋

1949 年 7 月，王胜率部南下福建。新中国成立后，任福建省军区第八(龙岩)军分区司令员，组织指挥了闽西的剿匪战斗，取得了歼灭土匪 7254 人的突出战绩，根除了匪患，为巩固人民政权，安定社会秩序做出了贡献。

新中国成立初期，面对闽西尚存土匪及台湾国民党特务活动猖獗的状况，龙岩军分区司令员王胜根据上级“军事清剿，政治瓦解和发动群众相结合”的方针，率部清剿土匪 7254 人，根除了匪患，为巩固人民政权，安定社会秩序做出了贡献。图为 1951 年 1 月，连城县剿匪庆功大会照片。

1951 年 4 月，王胜(前排中)与龙岩军分区英模代表合影。

不辱使命办军校　为党强军育精英

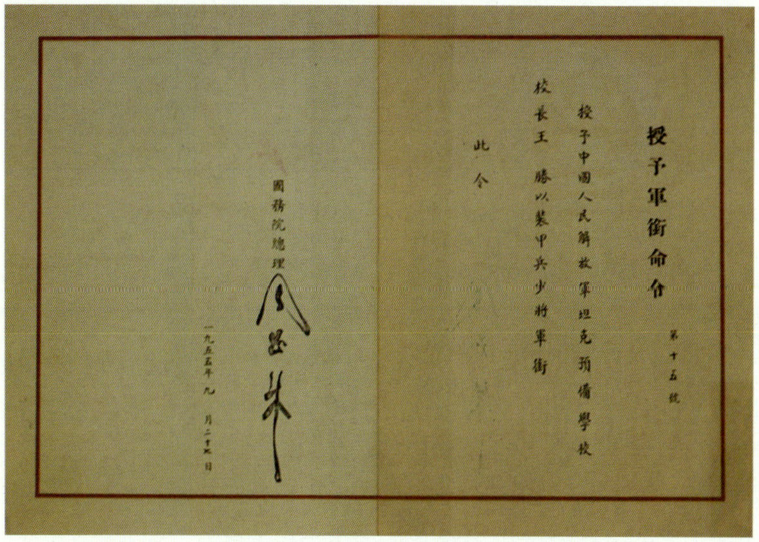

授予軍衔命令

第十五號

授予中國人民解放軍坦克預備學校校長王勝以裝甲兵少將軍衔

此令

國務院總理 周恩来

一九五五年九月二十七日

1955年9月27日，国务院总理周恩来，授予中国人民解放军坦克预备学校校长王胜装甲兵少将军衔的命令。

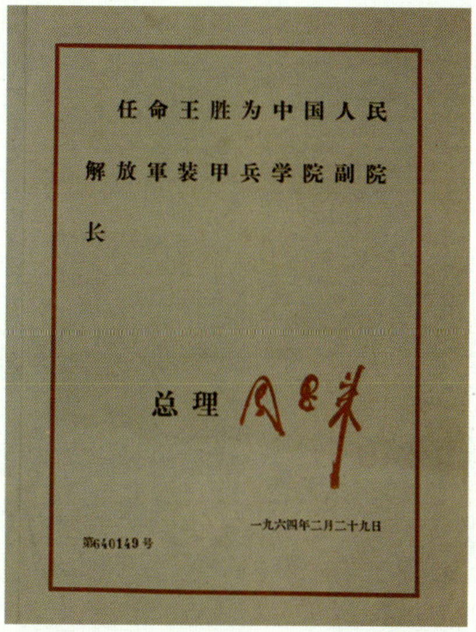

任命王胜为中国人民解放军装甲兵学院副院长

总理 周恩来

一九六四年二月二十九日

第640149号

1960年5月10日，国务院总理周恩来任命王胜为中国人民解放军装甲兵文化学校校长。

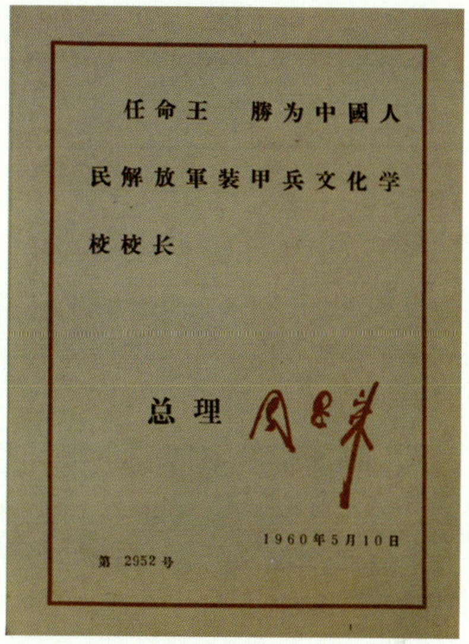

任命王　勝为中國人民解放軍装甲兵文化学校校長

总理 周恩来

1960年5月10日

第 2952 号

1964年2月29日，国务院总理周恩来任命王胜为中国人民解放军装甲兵学院副院长。

将军业绩载史册　精神风范耀千秋

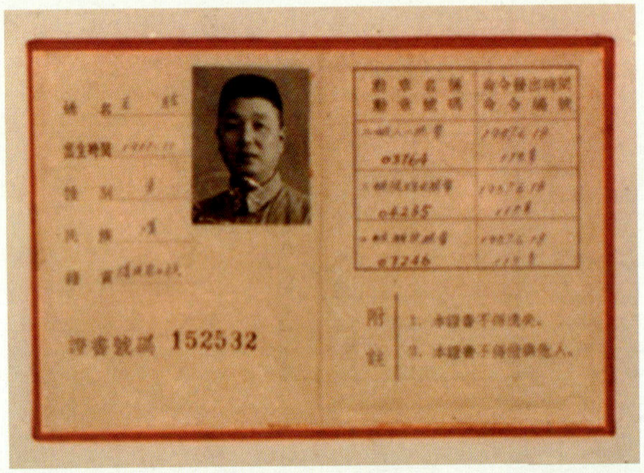

中国人民解放军高等军事学院 毕业证书

王勝 同志于1962年9月入本院速成系第五期学习至1963年7月期满准予毕业特发此证书

院长 陈伯钧

政委 李志民

1963年7月于北京

努力学习 保卫国防

第1364号

1963 年 7 月，中国人民解放军高等军事学院发给王胜的毕业证书。

1955 年，王胜荣获的勋章证书和勋章。

1979年12月,参加纪念古田会议五十周年的部分领导同志在福州合影。前排左起贺敏学、王直、伍洪祥、谭震林、刘永生、卢胜,后排左起林辉才、姜茂生、王胜。

1983年,王胜(左二)作为当年"漳浦事件"的见证人,应邀参加学术讨论会。

1996年4月,王胜将军家属遵照王胜生前遗嘱,回乡捐款,支持母校才溪小学建设。

1988 年 7 月，王胜荣获一级红星功勋荣誉章。

王胜同志的一生,是革命的一生,战斗的一生,为共产主义事业奋斗的一生,他的革命精神、崇高品德和优良作风永远值得我们怀念和学习。

——江苏省军区

王香雄少将

（1918—1988）

王香雄，上杭县才溪区才溪村人，1929 年参加革命，1932 年加入中国共产主义青年团，同年参加中国工农红军，1933 年转入中国共产党；参加红军后，曾任福建省军区后方政治部宣传队队长、医院调剂长等职；红军主力长征后，在闽西南坚持三年游击战争；抗日战争时期，历任新四军第二支队四团司令部作战参谋、新四军第六师第十六旅独立第二团营长、团政治处副主任兼营政治委员、团参谋长等职；解放战争时期，历任华东野战军第六纵队团参谋长、第三野战军第二十四军第七十一师参谋长等职。

中华人民共和国成立后，王香雄历任空军第四混成旅参谋长，中国人民志愿军空军第四师参谋长、副师长，中国人民解放军空军第二十六师师长，第六军参谋长、副军长，第九军军长，济南军区空军副司令员等职；1955 年被授予大校军衔，1964 年晋升为少将，荣获三级八一勋章、二级独立自由勋章、二级解放勋章；荣获朝鲜民主主义人民共和国二级国旗勋章，1988 年 7 月荣获一级红星功勋荣誉章。

1950 年 5 月 31 日，王香雄（三排左八）在北京参加全军参谋会议，和毛泽东、朱德、周恩来等国家领导人合影。

贫农孩子当红军　革命熔炉炼红心

王香雄，原名王香，他出生于贫农家庭，在列宁小学就读期间加入儿童团，1932 年，14 岁的王香雄参加红军。图为列宁小学。

王香雄参加红军后，曾任红军独立十七团、独立十团医生。参加第四、第五次反“围剿”战争，1934 年 7 月，第五次反“围剿”战争失败后，他留在长汀随福建省军区部队，继续投入保卫苏区的斗争。图为长汀四都山区一角。

1935 年，国民党反动势力复辟才溪。1936 年 5 月 13 日晚，王香雄等人率领暴动队员 50 多人在才溪举行武装暴动，攻打敌乡公所。因寡不敌众，王香雄等人被迫撤离才溪，辗转于蛟洋、古田、龙岩一带。图为红军游击队活动地点蛟洋山区一角。

枪林弹雨战倭寇　出生入死建功勋

1938年3月，新四军二支队开赴苏皖抗日前线，王香雄改任二支队司令部侦察参谋。1939年1月，他参加了粟裕副司令员亲自指挥的安徽芜湖关徒门战斗。他率领侦察连一个排配合三团随部队打进伪军司令部，缴获许多作战文件和地图，对新四军研究江南敌伪情况起了重要作用，王香雄受到粟裕副司令员的表扬。图为安徽芜湖关徒门战斗胜利后官兵留影。

1940年9月，王香雄随部队进入太湖地区开展敌后游击战争。1941年4月，新四军第六师第十六旅在宜兴闸口成立，王香雄任独立二团二营营长，后又改任二营政委。图为太湖一角。

1941年5月开始，王香雄率独立二团二营一个连在武进县七区鸣凰、前黄、南夏墅、礼嘉桥、坂上一带，及宜兴闸口等地，开展敌后武装斗争。图为1941年5月14日王香雄(右)与战友在宜兴杨龙里的合影。

1942年，王香雄率独立二团二营在太滆地区打了60多次较大的仗，摧毁敌据点3个，缴获机枪12挺、掷弹筒1个、步枪107支、快机驳壳枪31支，毙伤敌264人，俘敌138人。图为1942年王香雄在宜兴方桥战斗胜利后留影。

1943年初，日军出动3000多日伪军，在武南、锡西开展梳篦式的大扫荡，在游击区构筑了100多华里的竹篱笆，设置据点，修筑碉堡，设交通关卡，同时大搞“清乡”反动宣传，重金悬赏通缉王香雄、杨洪才等新四军领导人。王香雄等人率部依靠群众，沉着冷静，声东击西，参加较大战斗20多次，率领的一个排也由20多人发展到70多人，组建了1个连，取得了反“清乡”斗争的胜利。以下是王香雄组织反“清乡”斗争的一组图片。

王香雄所部的指导员陈祥林在利用空隙时间对部队进行政治教育。

哨兵化装成农民在种田，秘密监视敌人。

县政府秘书杨谷方亲自把船撑到对岸接我军渡河去打击敌人。

北战南征多成就　为国为民显忠诚

解放战争时期，王香雄先后参加苏中战役，二次涟水保卫战，莱芜、孟良崮、沙土集、淮海等战役战斗，以及解放舟山群岛的战斗，屡建战功。

1945年2月，苏浙军区主力向莫干山、天目山进军，独立二团奉命参战，王香雄参加天目山战斗。图为3月独立二团成员合影。

王香雄在“敌军围困万千重”的险境下，沉着冷静，科学分析，当机立断，声东击西，巧妙地突破了敌人的一次又一次重重包围，击溃了敌人妄图把独立二团消灭的痴心妄想。从此，王香雄成为优秀指挥员，“矮王营长”的英勇善战美名在太滆地区被群众广为传颂。

王香雄在太滆地委直接领导下，在极端困难、复杂的环境中，领导独立二团与日伪顽军做出顽强的斗争，为独立二团发展壮大成为一个2000多人的主力团，做出了很大贡献。图为1945年抗日战争胜利时独立二团的领导成员合影，左一为王香雄。

1946年3月,王香雄任华中野战军第六纵队第十六师五十二团参谋长。同年7月,参加苏中七战七捷战役。图为1946年4月,王香雄(后排右一)与政委、团长、副团长等人合影。

1947年,王香雄参加了莱芜、孟良崮、沙土集等战役。图为莱芜战役中被我军俘虏的国民党军之一部。

孟良崮战身负伤　冒死前行传命令

在孟良崮战役中，王香雄冒着炮火、硝烟，把指挥部的命令传达到各部队。当他爬上孟良崮山岗上时，敌人一颗炮弹落在他身边，使他受了伤。他不顾安危继续前行，出色地完成任务，受到了王必成司令员和江渭清政委的表彰。图为战斗结束后，英雄们胜利归来。

1948 年，王香雄参加了睢杞、淮海战役。12 月，王香雄调第三野战军第二十四军司令部任参谋处处长。图为淮海战役的战斗场面。

1950年1月，王香雄参加大别山地区的剿匪，取得了胜利。图为惩处土匪头子恶霸潘树师的场面。

大别山剿匪胜利后，群众赠送工香雄所在部队锦旗。

1950年3月，七十一师在合肥上火车，准备参加解放舟山群岛的战斗。图为火车启动时，群众打腰鼓欢送七十一师。

1950年3月，王香雄解放浙江舟山群岛后，在余姚为二十四军七十一师二一一团做庆功讲话。

抗美援朝抒壮志　战绩辉煌扬军威

王香雄参加抗美援朝，任空四师参谋长、副师长。他参与指挥击落美国“王牌飞行英雄”戴维斯所驾战机，戴维斯毙命。空四师在22天内击落30架美军战机，辉煌战绩获毛主席赞扬。

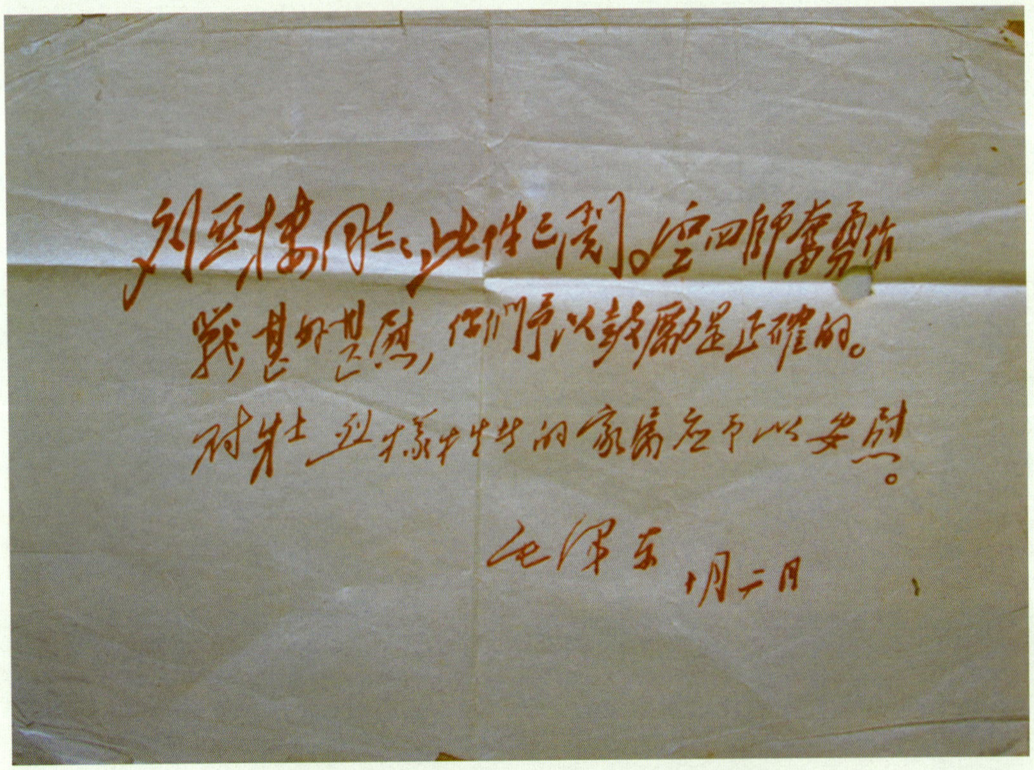

刘亚楼同志：此件已阅。空四师奋勇作战甚好甚慰，你们予以鼓励是正确的。对牺牲烈士[illegible]的家属应予以安慰。

毛泽东　十月二日

图为王香雄保存的，毛泽东给刘亚楼的批示。

王香雄在朝鲜前线。

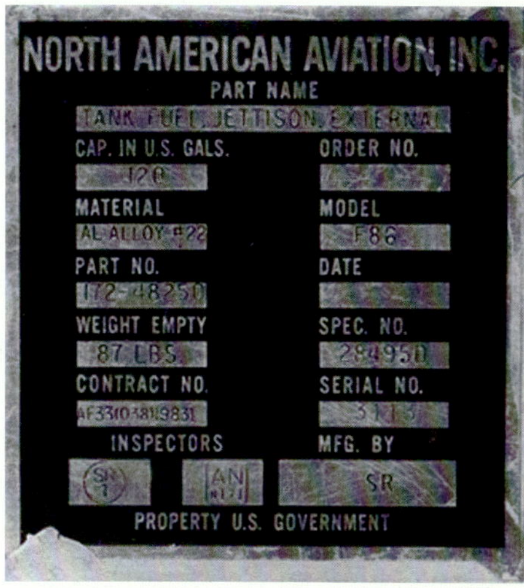

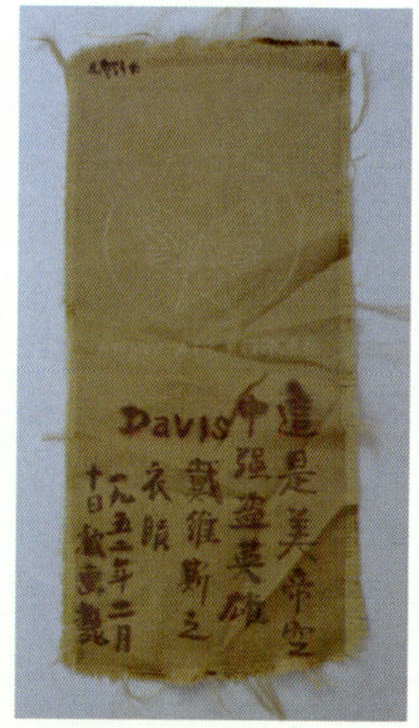

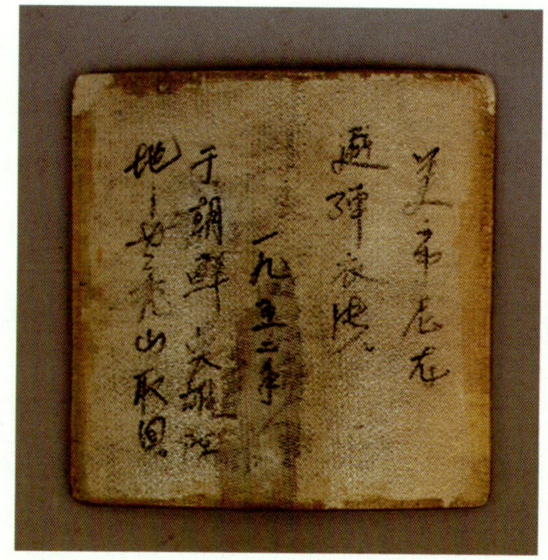

图为王香雄参与指挥击落的美国“王牌飞行英雄”戴维斯的衣服标记和防弹衣片。

图为 1953 年 9 月 14 日，中国人民志愿军空军一〇四部队第四届庆功大会上全体功臣与首长的合影。

空军骁将功卓著　胸怀爱民鱼水情

王香雄抗美援朝回国后，历任空军二十六师师长，空军第六军参谋长、副军长，空军第九军军长，济南军区空军副司令员等职。无论在什么岗位，他都满腔热情，兢兢业业，谦虚谨慎，廉洁清正，为空军建设事业鞠躬尽瘁。

1955 年，王香雄被授予中国人民解放军大校军衔，1964 年晋升为少将军衔，荣获三级八一勋章、二级独立自由勋章、二级解放勋章，荣获朝鲜民主主义人民共和国二级国旗勋章。

1983 年 5 月，王香雄离职休养，被聘为空军学术委员会委员，担任济南分会副主任。他注重调查研究，积极撰写学术论文，为空军学术研究做出了积极贡献。1988 年，荣获中国人民解放军一级红星功勋荣誉章。

王香雄拜访革命老区群众的一组照片。

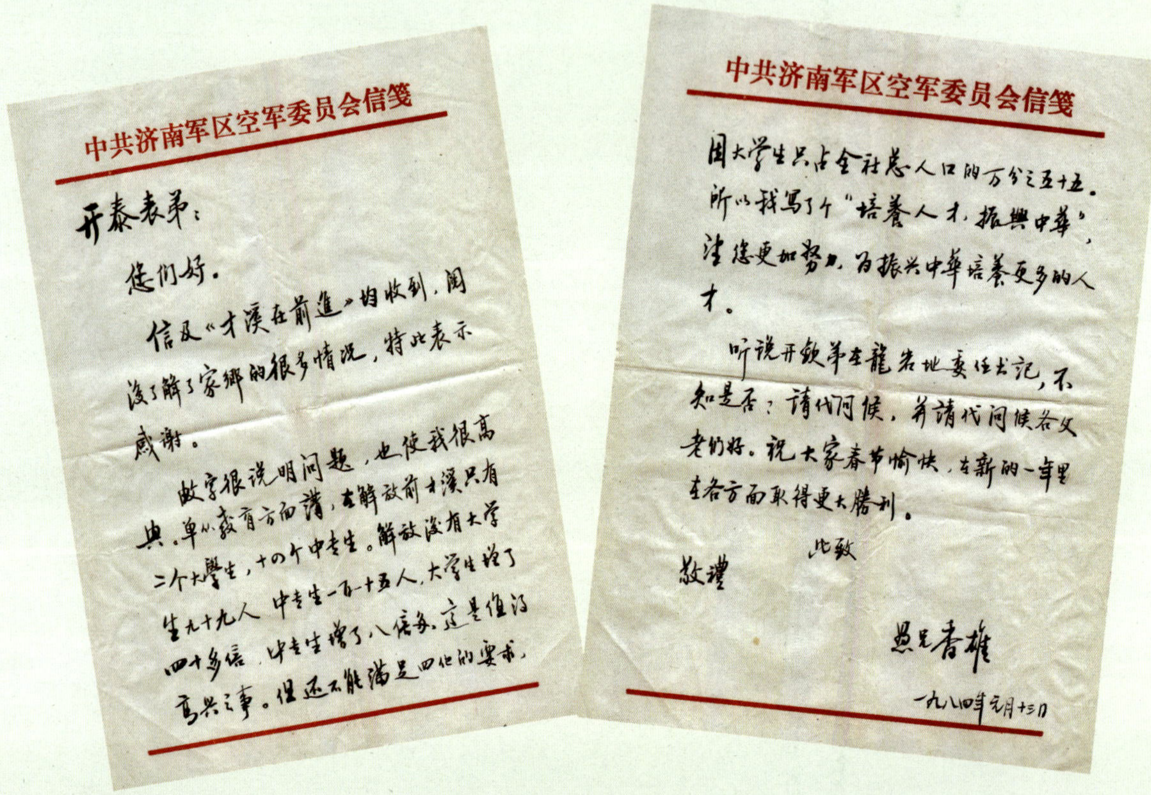

中共济南军区空军委员会信笺

开泰表弟：

您们好。

信及《才溪在前进》均收到，阅后了解了家乡的很多情况，特此表示感谢。

数字很说明问题，也使我很高兴。单以教育方面讲，当解放前才溪只有二个大学生，十四个中专生。解放后有大学生九十九人，中专生一百一十五人。大学生增了四十多倍，中专生增了八倍多，这是值得高兴之事。但还不能满足四化的要求，

中共济南军区空军委员会信笺

因大学生只占全社总人口的万分之五十五。所以我写了个“培养人才，振兴中华”，望您更加努力，为振兴中华培养更多的人才。

听说开钦弟当龙岩地委任书记，不知是否？请代问候，并请代问候各父老们好。祝大家春节愉快，在新的一年里在各方面取得更大胜利。

此致

敬礼

愚兄香雄

一九八四年元月十三日

王香雄关心家乡教育事业，站得高，看得远，情真意切。图为王香雄将军给才溪中学40周年校庆的题词，以及给时任才溪中学校长林开泰的亲笔信。

1954 年 10 月,王香雄回到家乡才溪时与家人的合影,三排右五为王香雄。

1988 年,王香雄病重之际仍特别关心家乡的教育事业,他嘱咐家属将自己购置的价值 8000 多元的 3000 多册书籍赠送给才溪中学。1991 年,其后代按照王香雄将军遗愿将图书送给才溪中学。才溪中学为此专门设立了“香雄书室”,以纪念王香雄热心教育事业的崇高精神。图为才溪中学“香雄书室”。

中国共产党优秀党员、久经考验的忠诚的共产主义战士、我军优秀的指挥员，济南军区空军原副司令员王香雄的一生是革命的一生、光荣的一生、创业的一生、全心全意为人民服务的一生。

——中国人民解放军空军

邱子明少将

（1915—2015）

邱子明，上杭县才溪区上才乡人，1929 年参加革命，同年加入共产主义青年团，次年转入中国共产党，1932 年参加中国工农红军；参加红军后，历任红一方面军第十一师司令部作战科长、第三十团政治处文书、第二团政治处技术书记、红一军团第一师政治部技术书记等职，参加了中央苏区第四、五次反“围剿”作战和二万五千里长征；抗日战争时期，历任八路军一一五师六八五团政治处教育股长、第七旅二十团政治处主任、新四军第三师直属队政治处主任等职；解放战争时期，历任东北民主联军第一纵队政治部组织部长、东北野战军独立第七师政治委员、一五二师政治委员等职。

中华人民共和国成立后，邱子明历任第四十九军政治部主任、海军航空兵政治部主任、解放军铁道兵政治部副主任、副政治委员、工程兵顾问等职；1955 年被授予少将军衔，荣获二级八一勋章、二级独立自由勋章、一级解放勋章、朝鲜二级国旗勋章；1988 年 7 月荣获一级红星功勋荣誉章。

年少闹革命　兄弟当红军

邱子明家境贫寒，父亲早逝。1930 年，他被派到上杭参加白区工作培训班学习，同年 8 月任上杭县委组织部干事。1931 年春，他任兰家渡少共区委书记。图为兰家渡渡口。

邱子明到部队后，写信给远在上杭才溪的母亲和弟弟，讲述自己在部队的所见所闻，动员弟弟邱子华也去参加红军。后来，弟弟听从了他的教诲，走上了革命道路，并成长为我军一名优秀的指挥员。1944 年，邱子华任浙东纵队政治处锄奸科科长，1945 年 2 月，在上虞战斗中光荣牺牲。图为邱子华烈士遗像。

1932 年 4 月，毛泽东、朱德率领红军东路军胜利攻克漳州后，邱子明受县委委派前往漳州慰问，来不及告诉远方的母亲，就报名参加了红军。图为庆祝漳州胜利祝捷会的照片。

长征当先锋　英勇建战功

才溪区拥护红军委员会赠给邱子明家的优待红军家属买货证。

在第四次反“围剿”关键之战的黄陂战斗中，身为作战科科长的邱子明，向十一师提出作战建议方案。根据这一方案，我军很快地打垮了敌五十二师，并俘获了敌师长李明。图为黄陂战斗地点。

1934 年 10 月,第五次反"围剿"失败,红军被迫开始长征。邱子明和红一师的指战员们担负着全军左路前锋,连续闯过敌人四道封锁线。在遵义附近,邱子明率部与刘湘的追兵打了一场恶战,随后随主力四渡赤水,巧渡了金沙江。图为当年红军渡过的金沙江。

为了大部队能强渡大渡河,冲出敌人的包围圈,邱子明奉刘伯承命令,率红一师一团官兵深入当地,宣传红军政策,组织和发动群众支持红军渡河,为红军成功渡河做出重要贡献。图为大渡河一段。

红军渡过大渡河后,邱子明与红一师的指战员们,爬雪山,过草地,打下腊子口,攻破通渭县,粉碎敌骑四师,最终于 1935 年 10 月到达吴起镇与陕北红军会师,胜利完成二万五千里长征。图为会师地点吴起镇。

抗战歼日伪　赤胆逞英豪

1936年1月，邱子明兼任红一师团总支书记。1936年5月，邱子明随师东渡黄河到山西，在山西积极发展抗日武装。图为红一军团准备东渡黄河时的照片。

为击破国民党胡宗南部和丁德隆部从两翼合围红军的企图，以邱子明所在的红一军团为主力，四方面军配合作战，在山城堡激战一夜，全歼了敌七十七师，丁德隆落荒而逃。图为山城堡战斗遗址。

1937年7月,红一军团政治部副主任罗荣桓(前排左七)与军团政治部工作人员合影。最后一排右三为第一师政治部技术书记邱子明。

西安事变后,全国掀起了抗日救国的高潮。邱子明所属的红一军团机关改编为八路军一一五师。邱子明任一一五师直属队政训处政训员。图为一一五师挺进华北。

1937年9月中旬,八路军一一五师发动平型关战役。邱子明随师参加了这一战役。图为平型关战役照片。

平型关大捷后，邱子明任六八五团政治处教育股股长。11月，一一五师主力在娘子关的广阳伏击日军第二十师团一部，击毙了日军1000人，缴获了大批军需物资。图为缴获的骡马。

1938年12月，邱子明随一一五师进入山东微山湖湖西丰县、单县八大庄一带，歼灭当地防军800多人。1939年3月，六八五团扩编为八路军苏鲁豫支队，邱子明任苏鲁豫支队二大队政治处主任。图为微山湖水上游击队。

1940年秋，邱子明奉调苏北，参加开辟苏北抗日根据地的斗争。图为邱子明随部进军苏北。

1943 年 3 月，邱子明被派到延安中央党校参加整风。图为邱子明在中央党校时与家人的合影。

邱子明在战争中用过的望远镜

亮剑战南北　倾心为苍生

抗战胜利后，蒋介石发动新内战。党中央从延安、华东、华北等地派遣 2 万干部、10 万军队进入东北。1946 年，邱子明率领延安联防队抵达哈尔滨后，任东北民主联军一纵队政治部组织科长。图为邱子明随部进军东北照片。

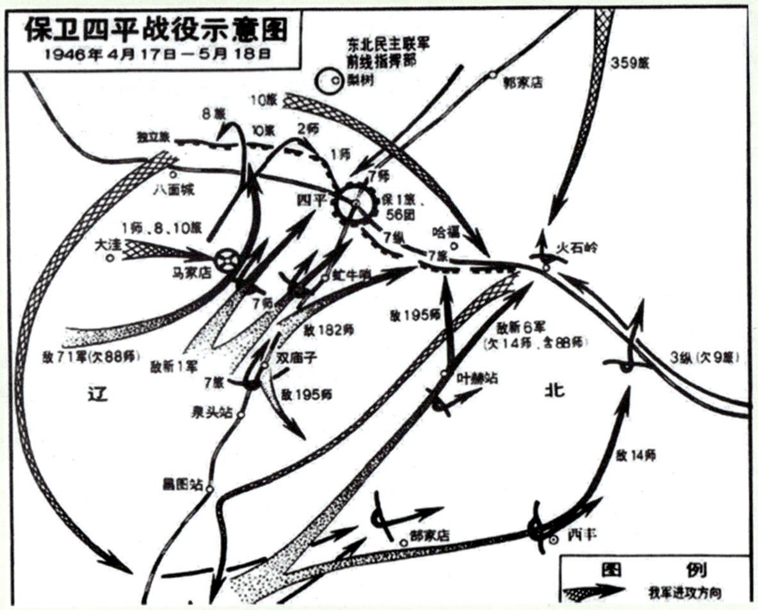

1946 年 10 月，国民党纠集 8 个师共 10 万之众，向南满根据地发动重点进攻。我南满军进行了四保临江的战斗。从 1947 年 1 月至 3 月，邱子明随东北联军进行了三下江南的作战，配合南满我军粉碎敌人对临江的四次进犯，使敌人被各个歼灭，东北民主联军由守势转为攻势。

1947 年 6 月初，东北民主联军总部为扩大夏季攻势战果，命令一纵、七纵及六纵十七师组成四平攻城部队，发起围攻四平的战斗。邱子明与一纵队其他指挥员一起，让国民党称之为“固若金汤”的四平，很快被一纵一师、二师突破。一纵队三师八连获得“四平爆破模范连”光荣称号。图为四平战斗旧址。

1948年6月15日至20日,邱子明参加了在吉林召开的师以上干部会议,会议决定用“三围三困”长春之敌,待敌军粮弹俱困、人心动摇时再攻的方针。邱子明部队在护城河放宣传木船,给敌人送饭,将宣传品和食品同时送给敌人,为涣散敌人军心做出贡献。图为邱子明参加围城的照片。

图为邱子明(一排左二)参加长春市一五二师成立时的照片。

在东北野战军军事围困、经济封锁和强大的政治攻势面前,长春城得以和平解放。邱子明任一五二师政委,1949年1月,参加天津战役外围战和攻城战,攻打和平门和天津丁字沽。图为天津解放照片。

剿匪除匪患　援朝建功勋

新中国成立初期，广西南宁匪患严重，影响人民政权的巩固。身为广西南宁军分区政委兼中共南宁地委书记的邱子明，一边做好军事接管、政权建设等工作，一边采取系列行之有效的措施进行剿匪，在限期前 4 个月就完成了剿匪任务，歼灭南宁地区 15 个县境内土匪 4 万余人。图为 1951 年 6 月 16 日，南宁专区首届庆功大会合影(第三排左十为邱子明)。

1952 年,邱子明调任志愿军空军第三军政治部主任,后兼任空军司令部前方指挥所政治部主任,率部入朝作战,有力打击了美军的空中力量,荣获朝鲜二级国旗勋章。图为邱子明随部跨过鸭绿江的场面。

开国大功臣　爱民情谊深

1976年7月28日，唐山发生大地震。时任解放军铁道兵副政治委员的邱子明，率领铁道兵两个师前往救灾。他奋不顾身，夜以继日地指挥救灾。他反复对全体参加救灾的指战员说：

“灾害无情人有情，我们铁道兵一定要执行毛主席和中央军委的命令，让灾区人民早日从废墟上站起来！”

20世纪80年代，邱子明（右一）到当年战斗过的地方延安武家坪视察工作。

20世纪80年代，邱子明（后排左一）回延安与当年的白羊峪大队老支书等人合影。

1961 年 6 月，邱子明(三排右二)、刘忠(三排右三)、黄立功(二排右五)、王集成(二排右六)与在北京读书的上杭学生在北京万寿山合影。

1983 年，邱子明(左四)回乡瞻仰革命旧址时，在原才溪区工会旧址与亲属合影。

1983 年，邱子明在当年共青团才溪区委旧址前回忆革命历史情形。

邱子明夫妻回乡时，与亲人合影。

邱子明关心家乡的建设，题词勉励家乡人民发扬光荣的革命传统。

邱国光少将

（1918—2001）

邱国光，上杭县才溪区障云乡人，1929 年参加革命，1930 年参加共产主义青年团，1932 年参加中国工农红军，同年转入中国共产党；参加红军后，曾任红一军团供给部主任等职；参加了中央苏区第四、五次反“围剿”作战和二万五千里长征；抗日战争时期，历任八路军一一五师卫生部供给主任、野战医院院长、山东省军区卫生学校队长、山东省军区卫生部供给主任等职；解放战争时期，历任山东省军区司令部管理科科长、东北野战军第四纵队后勤部副部长、第四野战军第十三兵团后勤部部长、第十五兵团后勤部部长等职。

中华人民共和国成立后，邱国光历任华南军区后勤部部长、广州军区后勤部部长、广州军区副司令员、解放军后勤学院副院长等职；当选为中共广东省委常委、中国共产党第九届中央委员会委员。

1955 年，邱国光被授予少将军衔，荣获二级八一勋章、二级独立自由勋章、一级解放勋章；1988 年 7 月荣获一级红星功勋荣誉章。

障云健儿闹革命　告别亲人当红军

邱国光，1918 年出生于才溪区通贤障云白石坑村的一户贫农家庭。1929 年 7 月，才溪农民武装暴动获得成功，成立了才溪区苏维埃政府。11 岁的邱国光上了列宁小学，先后加入了儿童团、少先队。

图为邱国光佩戴过的少先队袖章。

图为邱国光参加少先队后，经常站岗放哨的地方——障云岭当风凹。

1930 年，邱国光加入共青团，1931 年劳动小学毕业后，回障云乡任共青团支部书记。图为障云乡苏维埃政府办公室挂的党旗。

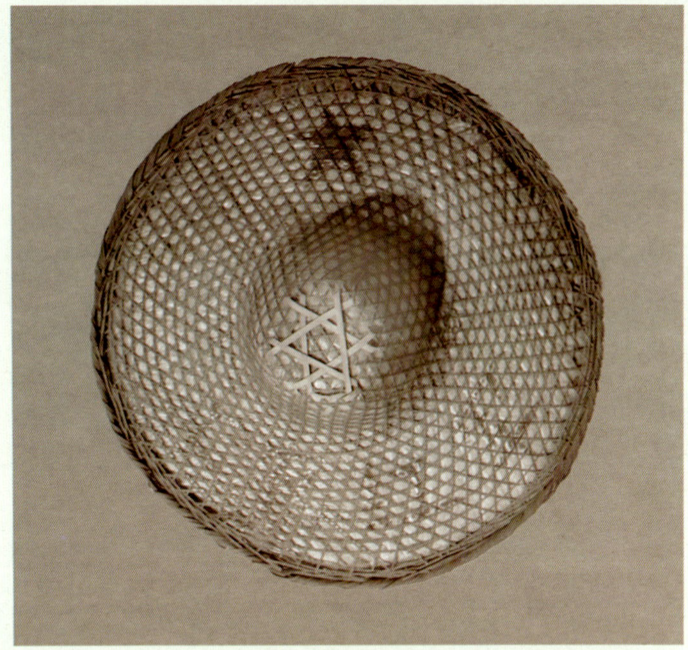

1932 年初，在一次扩红大会上，14 岁的邱国光报名参加了中国工农红军。在红军入伍仪式上，当邱国光接过写有“工农红军”四字的斗笠、红色的袖章及缀有红五星的灰色列宁帽时激动不已。

1932 年，邱国光进入中国工农红军学校第四期干部队学习。其间，他由共青团员转为中国共产党党员。学习结束后，邱国光被分配到红一军团担任供给部会计，随后调任军团保卫局会计、军团卫生部供给员、供管主任，随后参加了中央苏区第四、五次反“围剿”作战和长征。图为邱国光学习过的《红军纪律条令草案》。

打败日寇第一仗　国光立功最前线

抗日战争时期，邱国光历任八路军一一五师卫生部供给主任、野战医院院长、山东省军区卫生学校队长、山东省军区卫生部供给主任等职，先后参加了平型关、广阳等战役战斗，多次深入敌占区参加反扫荡、反蚕食、反封锁战斗。他在兼任鲁南军区卫生处长和山东省军区卫生学校队长期间，为培养抗日医疗卫生骨干和后勤干部做了大量卓有成效的工作。

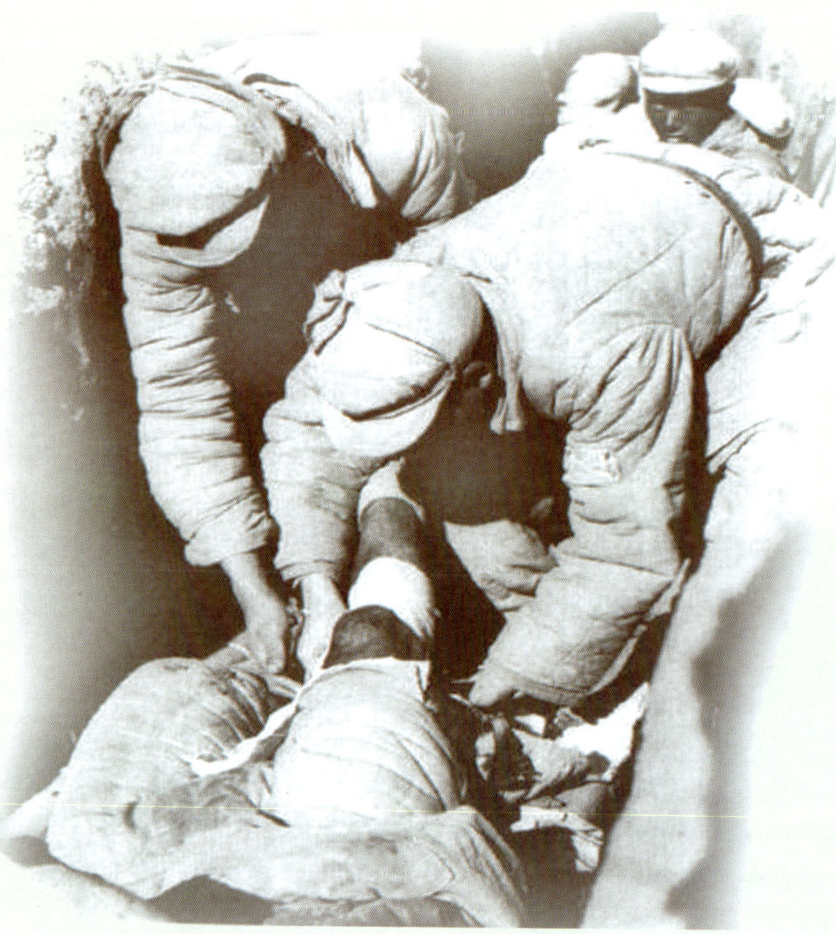

作为一一五师卫生供给处主任的邱国光，在平型关战斗过程中，率师卫生供给处人员，冒着呼啸的子弹，把伤员一个一个地抢救下来。图为平型关战斗旧址。

20岁出头的邱国光先后担任了八路军一一五师野战医院院长、师后方医院院长兼鲁南军区卫生处处长、山东省军区卫生学校队长等职。图为邱国光（左二）与战友在抗日前线。

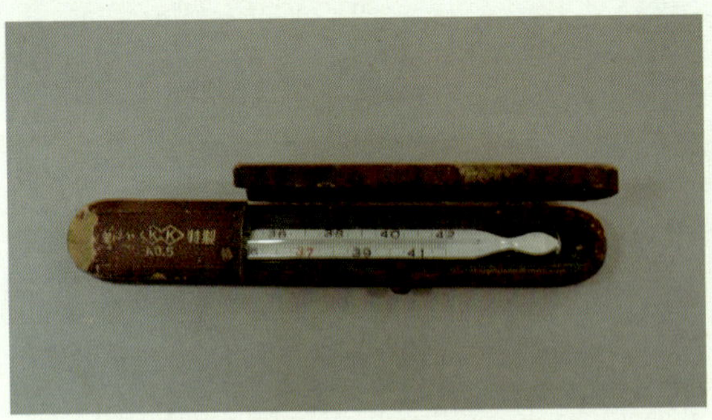

图为邱国光在平型关战役中收获的战利品——缴获的日军使用的温度计。

睿智多谋求解放　百战百胜建功勋

在解放战争中，身披后勤部长战袍的邱国光，睿智多谋，运用依靠群众，发动群众的人民战争的战略战术，为第四野战军从长白山打到海南岛，百战百胜，提供及时有力的物质保障，立下了彪炳史册的战功。

1946年1月，邱国光担任辽东军区后勤供给部副部长。图为邱国光组织东北人民把大批粮食运往前线，支援解放军。

面对"七无"，邱国光展现了超强的解困能力

当时的辽东是新区，部队供给面临着"无粮食、无经费、无医药、无衣服鞋袜"的困境。邱国光千方百计筹粮，也只能筹一顿吃一顿。在这种情况下，邱国光等军区后勤部领导带领广大后勤战士，克服困难，自力更生，在辽东建立了小型兵工厂和修械所，制手榴弹、修理枪械；建造布鞋厂、织带厂，生产棉皮鞋、棉夹布鞋、背包带、挎包带等等，为前方战士提供军需，渡过难关。图为后勤部队在制军鞋。

1946年3月，东北民主联军第四纵队成立后，为了支援前方部队的后勤工作，任命邱国光为四纵后勤部长。图为邱国光在辽南瓦房店时与战友留影。

睿智多谋的邱国光，为解放战争的胜利，不断提供最及时最有力的后勤保障。

1946 年 12 月，四保临江的后勤工作，主要是依靠辽东军区自己解决，担任第四纵队后勤部长的邱国光尽了最大的努力，从而打破了杜聿明先南后北的计划，拖住了敌人，保护了东北北部。图为东北农民慰问部队。

1947 年春，三下江南四保临江战役结束后，东北国民党军由攻势转入防御。5 月起东北民主联军发动了夏季、秋季、冬季三次大规模攻势作战，共歼国民党军队 38.8 万余人，扩大解放区 30.7 万平方公里。其间，东北民主联军总后勤部在各军区分设兵站，邱国光任辽东军区后勤兵站部部长，9 月改任东线后勤兵站部部长。他率部修路架桥，修理枪械，运送弹药、粮草，抢救伤员，有力地配合战役的顺利开展。图为兵工厂生产运往前线的弹药。

广大人民的支援，是解放战争必胜的基石！

随着辽沈决战时机的成熟，为使后勤工作能适应“大兵团、正规化、攻坚战”的要求，1948 年 3 月 10 日至 4 月 14 日，东北人民解放军在哈尔滨召开了后勤工作会议。1948 年 8 月，东线后勤司令部改为第三分部，邱国光任部长，辖七、八、九三个大站以及第一、二、三兵站医院，配属两个汽车团，在通辽以南、彰武以北地区集结，保障和完成阻击长春突围国民党军的物资供应与医疗任务，并接管军区后勤前运作战物资，保障攻克锦州部队的物资供应。图为东北人民支援前线运粮队。

当东北野战军围攻锦州时，蒋介石令国民党军炸毁彰武铁桥，切断了东北野战军补给线。在这紧要关头，东北军区后勤部第三分部部长邱国光和辽宁省委书记陶铸、东北野战军后勤部副政委陈沂等连夜赶到通辽，共同指挥搞好交通。在邱国光等的指挥下，当地政府立即在辽北的甘旗卡组织 400 头骆驼和许多人力，驮马运送油料及其他作战物资到阜新，另动员民工从通辽经八仙筒、奈曼旗、下洼到北票，新开了一条 350 余公里的汽车路，很快恢复了对前线的物资供应。图为东北上万人的担架大队开赴前线。

强军卫国立新功　家国情怀风范存

新中国成立后，邱国光历任华南军区后勤部部长、广州军区后勤部部长、广州军区副司令员、解放军后勤学院副院长等职；当选为广东省委常委、中国共产党第九届中央委员会委员；1955 年，被授予少将军衔，荣获二级八一勋章、二级独立自由勋章、一级解放勋章；1988 年荣获一级红星功勋荣誉章。

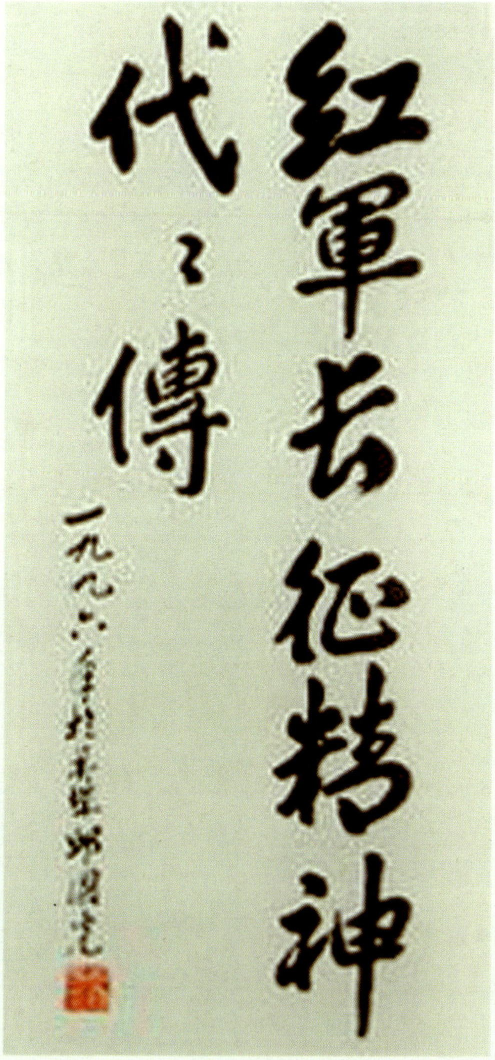

新中国成立后，邱国光一直深切关注着家乡的发展。1958年，首次还乡，他对随同人员说，障云村，这个当时只有300多人的小山村，牺牲的烈士竟有76名，受牵连而遭屠杀的革命群众100人。他感慨地说，家乡人民为革命做出了多大的贡献啊，然而许多老红军和老游击队员在革命胜利后毅然留在家乡当农民，从不躺在功劳簿上沾沾自喜，更没有向党和政府要这要那，多么难能可贵啊！

改革开放后，村里用上了电，一条8公里长的通障公路开通了，群众的日子也随之慢慢好起来。图为邱国光与通贤老赤卫队员亲切交谈。

1990年，邱国光应邀参加毛泽东才溪乡调查57周年暨才溪"九军十八师"陈列室开馆大会。

20 世纪 80 年代，邱国光(一排左四)与原福建省委书记罗明(一排左五)等人在广州的合影。

身着新式将军制服的邱国光在会议上做报告。

邱国光工作之余的快乐生活。

邱国光长眠于他当年参加儿童团后站岗放哨的障云岭哨所处。

邱国光同志的一生是革命的一生,战斗的一生,全心全意为人民服务的一生。

——中国人民解放军广州军区

张力雄少将

（1913—　）

张力雄，上杭县才溪区障云乡人，1929 年参加革命，1931 年由共青团员转为中国共产党党员，次年参加中国工农红军；参加红军后，历任红十二军三十四师一〇〇团政治指导员、团政治处主任、军团教导大队政治委员、第四十五团政治委员等职；参加了中央苏区第四、五次反“围剿”作战和二万五千里长征；抗日战争时期，历任抗大总校一大队队长、一大队政治处主任、总校派遣太岳独立大队政治委员、抗大六分校政治部主任，河南省军区第六支队政治委员等职；解放战争时期，历任中原军区第一纵队三旅政治委员、华东野战军第十二纵队政治部副主任、第二野战军特种兵纵队政治部主任等职。

中华人民共和国成立后，张力雄历任西南军区炮兵部队副政治委员兼政治部主任、第十三军政治委员、云南省军区政治委员、江西省军区政治委员、中共江西省委常委、福州军区党委委员、福州军区顾问等职；当选为第五届全国人民代表大会代表，第六届、第七届全国政协委员；1955 年被授予大校军衔，1961 年晋升为少将，荣获二级八一勋章、二级独立自由勋章、一级解放勋章；1988 年 7 月荣获一级红星功勋荣誉章。

1967 年，周恩来在北京京西宾馆接见云南省代表团。前排左三张子民，左五起：周恩来、李成芳、张力雄。

造纸童工　见到毛主席

张力雄，1913 年出生在才溪区通贤障云乡大山中的燕子塔，家境贫寒，11 岁进造纸厂当童工，1929 年参加农民暴动，1932 年报名参加红军。

张力雄 11 岁就进大山深处的一家纸厂学做纸，当童工。图为 1987 年 10 月，张力雄将军回乡时，来到他当年学造纸的纸厂，忆苦思甜时的照片。

1929 年，张力雄参加乡里的农民武装暴动并获得成功后，加入了共青团，1931 年加入中国共产党。他在 1932 年到乡苏维埃政府报名参加中国工农红军。图为张力雄报名参加红军时的旧址。

1932 年上半年，张力雄进入江西瑞金红军学校学习，毕业后，任三十四师一〇〇团一营机枪连指导员，并第一次用上手枪。图为张力雄用过的手枪。

1933 年夏，张力雄在指挥一〇〇团一营的罗坊战斗中，俘敌一连长。图为张力雄使用过的望远镜。

1934 年 1 月，张力雄代表红五军团三十四师，光荣地去瑞金参加全军政治工作会议，有幸列席了中华苏维埃第二次全国代表大会开幕式，并见到向往已久的毛主席。当毛主席走近时，他拨开人群恭敬地敬了军礼。他与主席握手时，毛主席听说张力雄是上杭县才溪人，便亲切地鼓励他说：“才溪是模范乡呢！你也要争当模范啊！”图为二苏大会场场景雕塑。

长征壮士　赤胆逞英豪

张力雄在举世闻名的万里长征战斗过程中，历经三次过草地、九次爬雪山，始终铁血红旗色，赤胆逞英豪。

为掩护大部队迅速撤离中央苏区，红五军团与国民党军在兴国县老营盘白云山下激战三天两夜。任红五军团教导大队政委的张力雄率领800名学员投入激战，顶住了敌人的轮番攻击。图为老营盘战斗地点。

1935年6月18日，张力雄率部到达夹金山脚下。次日，他尽管正值“打摆子”(疟疾)，但他凭着坚强的意志翻过大山。图为懋功会议遗址。

1936年6月，在党中央和全军指战员强烈要求下，张国焘被迫北上。张力雄在部队整编后任五军四十五团政治委员。8月中旬，沿着一、三军团走过的线路第三次经过草地。行军中，张力雄把可以避风的堪称“皇宫”的牦牛圈，主动让给病号住；断粮时，率先把皮腰带献出来给大家充饥。图为张力雄用的指南针。

1935年6月，张力雄随部准备翻越夹金山与红四军会师的行军中，两架飞机飞来狂轰滥炸。张力雄指挥部队疏散防空，一颗重磅炸弹落在他身边约十厘米处，大半截身子被埋在泥土里，虚惊一场。图为宝兴战斗地点。

1935年8月，张力雄随红五军团率教导大队进入查理寺后进入草地，克服行路难、天气难、粮食难、宿营难等重重艰难，历经5天到达葛曲河畔，在此待河水下降后渡河。他还没过河便接到张国焘要求重返阿坝的命令。南下后，张力雄所部在大、小金川和丹巴一带建立根据地。图为葛曲河。

高台血战　幸遇救命人

高台血战中，张力雄负重伤后，幸遇当地老乡及时救助，后又由老乡巧用粪车送他出城，他才脱险。

1936 年 12 月下旬，张力雄随红五军攻克了高台城。两天后，马家军等 35000 余兵力对高台重重包围，我军坚守孤城半个月之久，以失败告终。图为高台战斗地点。

高台战斗中，张力雄左腿受伤，敌人搜城时，一位老乡把他藏在夹墙里。三天后，他藏在粪车里由老乡送出高台城。寒冬腊月，他忍着伤痛，饿着肚子，在白雪皑皑、荒无人烟的祁连山旷野上辗转数日，历尽艰难回到红军队伍。图为祁连山区。

抗大政委　艰辛育英才

张力雄在艰辛办抗大的实践中，茁壮成长为我军优秀的高级指挥员。

1938年1月，张力雄进入抗日军政大学学习。学习尚未结束，被任命为学员队区队长。图为张力雄佩戴的抗大校徽。

1938年秋，张力雄任抗大一大队一支队的第二学员队队长。在大队政委胡耀邦的鼓励下，他以身作则，尊重知识和人才，赢得了学员的信任和支持，受到校首长的好评。图为抗大校舍。

1939年6月，为打破国民党反动派军事和经济上的双重封锁，中央决定将抗大总校迁至华北，深入敌后晋东南抗日根据地继续办学。张力雄随罗瑞卿校长、张际春主任，从延安出发，经多天的强行军，到达河北灵县陈庄附近；1940年初又转移到晋东南的涉县、武乡等太行山根据地办学。图为抗大学员在学习武器性能。

1941年夏，遵照中央军委指示，抗大总校决定组建一个独立大队派遣到太岳军区，负责对该区干部进行培训。张力雄被任命为独立大队政治委员，率领数百名教职员工和学员从河北邢台出发，到达太岳军区，在南北孔滩和郭镇选址建校。图为抗大学员在行军途中。

1942年5月，日寇实施反复扫荡，给学校粮食造成极大困难。张力雄带着仅三人组成的筹粮小组，化装成老百姓摸黑潜入日占区替日伪服务的维持会会长家中，斗智斗勇筹集到3000斤粮食。图为抗大学员在种菜。

抗日英雄　英勇建战功

1942年8月，李达司令员指挥和发动了林南战役，解放了林县、合间、原康、临淇、东姚、安阳、汤阴、淇县、辉县等豫北地区。战役结束后，成立了太行七分区，皮定均任分区司令员，张力雄任政治部主任，开始创建豫北根据地。图为抗日战争时期，太行军区第七军分区司令员皮定均(左)与太行军区第七军分区政治部主任张力雄在太行山区合影。

为创建豫北抗日根据地，张力雄等率部在太行分区控制了黄河以北的广大地区，建立起各级抗日民主政权，发展了3万余人的民兵武装，开辟了数十万人口的抗日根据地，为我军南渡黄河，进入豫西、挺进中原创造了有利条件。图为农民拥护民主政府的土地政策，按规定交纳粮税。

皮定均："张力雄是个打不死的程咬金。"

1945年初夏，河南省军区党委决定组织一次豫西战役，对长期盘踞在豫西根据地周围的敌伪顽军发动一次反蚕食、反扫荡、反破坏作战。张力雄被任命为豫西战役临时前敌指挥部政治委员，与前敌总指挥皮定均率三十五和三十七两个主力团经过40分钟激战，全歼敌军一个团，缴获了大批武器弹药和军用物资。图为1944年9月，河南林县与太行军区第七分区和太行第七地委领导同志合影，画圈者左为皮定均，右为张力雄。

1945年，由于登封城内的日伪军拒绝投降，部队指战员和当地群众纷纷要求以武力解除顽敌。张力雄被任命为受降临时指挥部政治委员，与总指挥皮定均率领第一、第六支队主力攻打登封城，全歼了守城之敌，活捉敌团长和县长，缴获30多匹军马和大批武器及军用物资。这是张力雄坚持敌后抗战的最后一次战斗，战斗中一颗"三八"式子弹打穿了他的草帽，他却没被伤着，被皮定均司令员调侃："张力雄是个打不死的程咬金。"图为登封战斗现场。

二野战将　倾情谋解放

在解放战争期间，张力雄参加了中原突围、创建鄂西北根据地、淮海战役和进军大西南战斗，战功卓著。

1945 年 10 月下旬，王树声、戴季英奉中央军委命令率领河南省军区部队从豫西南下，与新四军五师在桐柏地区会师，组成了 6 万余人的中原人民解放军。张力雄任中原军区第一纵队三旅政治委员。图为部队在桐柏地区会师后的照片。

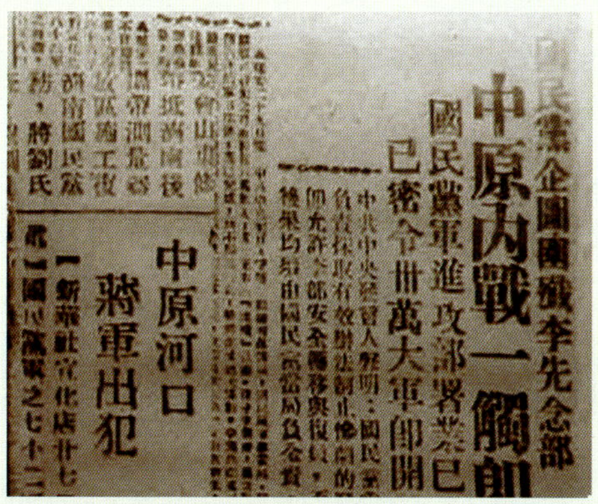

1946 年 5 月，周恩来与国民党方谈判失败，国民党还扬言一周内消灭中原部队。为此，中原军区分两路紧急突围。王震副司令还专门找张力雄谈话询问突围把握，张力雄做了冲出重围的表态，还与皮定均司令写下了“谁先战死就要给他送花圈”的临别赠言。6 月 25 日，张力雄率领三旅为纵队第一梯队，经鄂中向西突围。次日拂晓，国民党 30 万大军悍然对中原解放区发动围攻。我军排除万难、抛弃辎重，与敌人抢时间、争速度，越过平汉铁路封锁线，强度襄河，冲出了重围。图为部队突围的画照和报道。

中原突围后，第一纵队进入鄂西北武当山地区，奉上级命令，一边牵制和打击敌人，配合东北、华北、华东、西北兄弟部队作战，一边在敌后创建新的根据地，发展和壮大革命力量。张力雄任野战旅政治委员，后又调任三分区政委兼地委书记。图为武当山地区根据地照片。

张力雄，福建籍，1929年造反加入“中共”，是李先念部骨干头目。他一贯反三民主义，以国军为敌，到处宣传共产主义，必须坚决消灭他。如有捉到或拿到张力雄首级者，国军重赏300万元。

——摘自张力雄《破灭悬赏梦》

进入武当山地区后，敌人除了对我军实施疯狂进攻外，还采取惯用的“重金悬赏”手段，对我军高级领导干部进行大肆污蔑和攻击。当时，张力雄也成为悬赏捉拿的对象之一。

1946年8月13日，部队经过房县西南的冠木河，张力雄发现有利地形，在他提议下发动了一场伏击战，歼敌近800人，缴获了迫击炮4门，轻机枪15挺，美式冲锋枪13支，步枪100余支，子弹3万多发及其他军用物资，创下了我军无一伤亡的典型战例，得到中央军委和中原局的通令表彰。图为房县西南的冠木河战斗地点。

1946年底，国民党开始对鄂西北地区进行大规模的“追剿”、“清乡”行动。次年2月5日，张力雄、刘昌义等率领的1000余人部队向北行动，在保康县康家山地区遭国民党军包围。张力雄等全体指战员与敌激战一整天，没喝一口水，没吃一口饭，凭着坚定的政治信念和视死如归的英雄气概顶住十倍于我之敌的进攻，最后趁夜色突出了重围。图为康家山战斗遗址。

1947年6月,张力雄与汪乃贵等接到从皖西游击区调回华北解放区工作命令后,装扮成商人,通过苏皖敌占区,机智闯过重重险关。其中,在登上去芜湖的轮船时,船舱里挤满了国民党特务,但张力雄等机智沉着地把位置选在敌上尉中队长旁,若无其事地说笑、吃零食和打牌,故意起争执,引来敌人参观牌战,从而麻痹了敌人,化险为夷。图为1948年1月,参加华东野战军第十二纵队高干会议的同志们在江苏省阜宁县东坎镇合影(前排左起第六为张力雄)。

1948年12月,张力雄接到要赶往陈毅司令驻地,接受由陈司令转达的刘伯承、邓小平首长要求张力雄回二野工作的命令。图为1948年冬,江淮军区领导同志在蚌埠合影(后排左二为张力雄)。

1949年5月,张力雄回到阔别6年的二野部队,任纵队政治部主任。特纵组建后,经过短期强化训练,张力雄参加进军大西南的战斗。图为1949年7月张力雄在南京主持召开西南军区特种兵政治部首届政工会议。

炮兵政委　强军立新功

1950 年，张力雄率部抵达重庆，和孔从洲负责西南军区炮兵部队的组建，并任炮兵部队副政治委员兼政治部主任。图为张力雄在西南军区炮兵驻地四川省铜梁县的民房内办公。

1950 年，张力雄在西南军区首届炮兵会议上讲话。

1950 年，参加西南军区炮兵会议的领导同志合影。前排左五为孔从洲，左六为张力雄。

1950 年 2 月，西南军区领导与参加军区整编会议的同志合影。前排左起为：孔从洲、李达、张子意、贺龙、邓小平、陈赓、陈鹤桥；三排左一为张力雄；四排右四为秦基伟。

1951 年，张力雄与孔从洲(左)、苏联炮兵顾问拉斯波波夫(右)合影。

1951 年，张力雄在西南军区炮兵军政干部会议上讲话。

1963年，张力雄（前排左四）陪同老挝爱国阵线总长西沙瓦（前排右三）在云南省保山地区与少数民族代表合影。

1963年，张力雄（中）陪同阿尔巴尼亚总长杜美（右一）视察部队。

1963年，张力雄（前排左二）陪同阿尔巴尼亚总长杜美等外宾在昆明大观楼合影。

1978 年,张力雄在江西省军区独立师开展“向国防现代化进军”教育活动时做动员报告。

1978 年,张力雄陪同杨成武观看江西省军区军事演习。前排左起为杨成武、张力雄。

1981 年,习仲勋(右二)视察福建时与张力雄(左一)、傅奎清(右一)亲切交谈。

开国将军　爱心暖军民

1982 年春节，张力雄率福州军区慰问团到老区慰问，在福建省上杭县才溪乡与当地群众在才溪区苏维埃政府旧址前合影。

1987 年，张力雄与王直、王培臣等到上杭县才溪、通贤乡视察。

恰逢乡村首次通电，张力雄和大家以愉快的心情迎接光明。

张力雄到才溪中学视察。

张力雄与少年时同伴邱腾林回忆当年农民暴动的情况。

张力雄与乡亲们亲切交谈。

张力雄在撰写回忆录。

2009年,张力雄在杭州家中向毛泽东才溪乡调查纪念馆的工作人员捐赠自己的书法作品《思源》。

难忘征程

保国防戍边塞铭党恩卫中华福寿千秋

过草地爬雪山打日冦斗老蒋身经百战

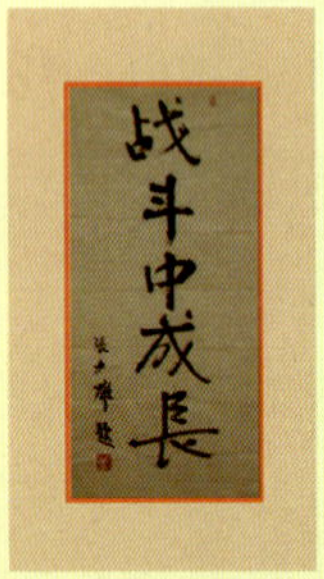

2012年5月1日，南京军区在南京市为张力雄举办了百岁寿辰庆典，军区副参谋长陈卫国主持庆典仪式。中央军委委员、总政治部主任李继耐上将，中国人民解放军副总参谋长蔡英挺中将发来贺信。张力雄的单位代表、家乡代表及亲友等参加了庆贺活动。

2016 年 7 月 29 日，张力雄之子张欣欣代表 103 岁老红军、开国少将张力雄为家乡障云村捐款 10 万元，成立障云村奖教奖学金。图为通贤镇障云村举行张力雄将军奖教奖学金捐赠仪式。

长寿将军　鼓掌表祝贺

2019 年 8 月 11 日，106 岁的张力雄在南京家中，接见龙岩市委书记许维泽。张将军听到龙岩要建机场的喜讯，鼓掌祝贺。

雷钦少将

（1914—2014）

雷钦，上杭县才溪区上才溪乡人，1929 年参加革命，1930 年加入中国共产主义青年团，1931 年参加中国工农红军，次年转入中国共产党；参加红军后，历任闽西红军独立师一〇三团宣传员、兴国模范师连政治指导员、红一方面军总警卫营政治委员、总部侦查科政治指导员、总部侦查队队长等职，当选为第二次全国苏维埃代表大会代表；参加了中央苏区三至五次反“围剿”作战和二万五千里长征；抗日战争时期，历任抗大总校二大队干事、指导员，三大队政治委员，抗大政治部科长等职；解放战争时期，历任华北军区通信联络处政治委员、军区补训一旅政治委员、第二野战军驻武汉办事处主任等职。

中华人民共和国成立后，雷钦历任解放军总后勤部军械部副政治委员、铁道公安第二十一师政治委员、辽宁省大连市政协副主席等职；1955 年被授予大校军衔，1961 年晋升为少将，荣获二级八一勋章、二级独立自由勋章、二级解放勋章；1988 年 7 月荣获一级红星功勋荣誉章。

遵从父教导　带头当红军

雷钦，原名雷应声，畲族，1915 年 10 月出生于贫苦农民家庭，读过初小，14 岁外出到龙岩一带，跟人学做泥水匠。

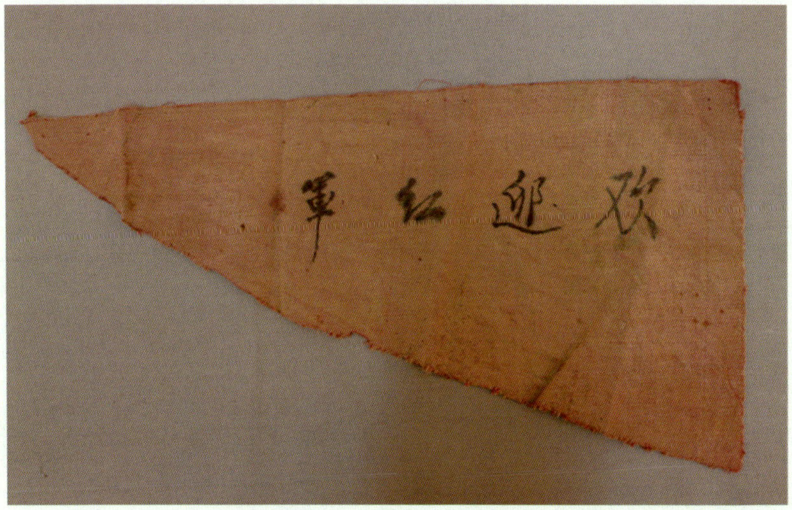

1929 年 7 月，红四军开进才溪，支持和指导才溪人民举行农民武装暴动，并取得了成功，成立了苏维埃政权。雷钦的父亲当选为上才溪乡苏维埃政府主席。年少的雷钦深受革命熏陶，逐渐懂得了许多革命的道理。图为当年才溪群众欢迎红军时使用过的小红旗。

雷钦在父亲的教导下，加入了少先队，积极参加军事训练，并跟随赤卫队攻打下王、官庄、同坑塘等地的反动民团。图为下王战斗地点。

雷钦16岁时，遵从父亲教导，带领同村的6名少先队员，一起到才溪苏维埃政府报名参加中国工农红军，被分配在杭武赤卫团。图为才溪区苏维埃政府旧址。

雷钦参加红军后，随军参加了攻打永定的湖雷、坎市及武平、上杭两座县城等战斗。图为上杭白砂战斗旧址。

军中是模范　光荣当代表

从 1931 年夏至 1934 年春，雷钦转战闽粤赣，为保卫苏区，勇敢杀敌，深受领导和战友的赞誉。

1932 年，独立第七师编入红十二军，雷钦被编入红十二军独立师一〇三团任宣传员。同年 7 月，在中央苏区第三次反“围剿”中，雷钦参加了武平、建宁、泰宁等地的战斗。图为雷钦随军胜利攻克武平战斗旧址。

1933 年 2 月，第四次反“围剿”开始时，雷钦获朱德总司令、周恩来总政委的接见。图为广昌战斗地点。

1932 年 2 月，雷钦参加了江西黄陂战斗。图为江西黄陂战斗遗址。

紅色中華

熱烈擁護各省工農兵代表大會！

江西大會紀盛

閉幕大會紀盛

粵贛大會開幕盛況

1933年12月21日至29日，江西省第二次工农兵代表大会在博生（宁都）县七里村召开，雷钦当选为江西省军区直属部队的代表，出席了江西省第二次工农兵代表大会，并被选举为少共江西省委常委。图为《红色中华》报道江西大会盛况。

1934年1月22日至2月1日，中华苏维埃第二次全国代表大会（简称“二苏大”）在瑞金沙洲坝临时中央政府大礼堂召开。雷钦当选为“二苏大”代表光荣地出席了这一大会。图为“二苏大”会址。

1934年春，雷钦进入红军大学学习。雷钦在红军大学毕业后，经朱德总司令签署命令，调任红一方面军总部警卫营政委。图为坐落在瑞金的红军大学旧址。

长征立战功　西征多磨难

长征初期，雷钦任红军总部警卫营政委，肩负保卫红军总部安全重任；奉命参加西路军西征，历经孤军悲壮转战磨难。

长征开始时，雷钦任总部警卫营政委，负责保卫中央领导人的安全，有幸跟随在周恩来身边。图为瑞金城。

1935年1月，雷钦被调任总部侦察队指导员、侦查队长。他在打击敌川军、二攻遵义城、四渡赤水、南渡乌江等战斗中发挥了重大作用。图为遵义城。

红一、红四方面军会师后，混合编成左、右两路军同时经草地北上。雷钦随朱德编入左路军，从卓克基、马尔康等地出发北上。图为卓克基。

当部队接近夹金山时，为使红军总部顺利翻过大雪山，雷钦率总部侦察队走在总部的前头，深入当地了解夹金山的情况，为摸清当地的敌情，做出重大贡献。图为夹金山。

1936年11月，雷钦奉命参加西路军西征，任西征总指挥部调统科科员，收集有关地方敌情资料，参加了永昌、临泽、沙河堡、倪家营、黎园堡、石寓等多次恶战。图为河西走廊一角。

西征军指战员面临全军覆灭绝境时，只得在祁连山分散打游击。雷钦以多年化装侦察的经验，机智地率部冲出层层包围圈，向西打游击。他冒着生命危险跨过雪山、戈壁、沙漠，历尽千辛万苦回到延安红军总部。图为祁连山一角。

精心办抗大　为党育英才

雷钦在抗大任教多年,为党培育大批高级优秀人才,做出杰出贡献。

1937年7月,雷钦到延安抗日军政大学学习。1938年,雷钦留校任教。他在建校三周年纪念会上受到表扬奖励,建校五周年纪念大会上得到模范教育工作者奖状。图为毛泽东等在建校三周年纪念会上检阅学员队伍。

党中央领导十分关心“抗大”。毛泽东曾亲自前往抗大鼓励雷钦等一批抗大教员安心留在学校做好教学工作。朱德看望抗大学员时,时任抗大总校四大队学员十队指导员的雷钦,向他汇报了十队的情况,介绍了参加抗日战争的马来亚归国华侨李泗美的事迹。图为朱德看望抗大学员的留影。

1943年1月24日,根据中共中央决定,雷钦率领总校直属机关第三梯队200余人,从河北邢台将军墓川出发,突破敌人重重堵截,穿过7道封锁线,历时40多天,行程近3000里,无一人伤亡和掉队,胜利回到延安,受到徐向前校长和李井泉政委的表扬。图为雷钦带领转移人员在行军。

雷钦在抗大工作期间,生活俭朴,将节省的2个银圆珍藏了50多年,后捐献给了毛泽东才溪乡调查纪念馆。

解放大西南　后勤建功勋

雷钦在解放战争中，参与渡江和解放南京、武汉的战役战斗后，又为支援二野解放大西南，提供后勤保障，做出了贡献。

1945 年 4 月，雷钦入延安中央党校二、三部学习，以优异成绩毕业。图为延安中央党校。

1946 年春，雷钦被调任华北军区司令部通讯联络处政委。

1948 年，雷钦被调任华北军区补训一旅政委。1949 年奉命率领两个旅的干部南下，参加了渡江战役、解放南京和武汉战役战斗后，雷钦被调第二野战军接任驻武汉办事处主任（副军职），负责筹集转运物资支援二野进军大西南。图为攻克南京的照片。

1949 年，人民解放军挥师南下。图为雷钦(前排右三)出发前在石家庄的留影。

1949 年，雷钦任第二野战军驻武汉办事处主任。图为与夫人合影。

1949 年，雷钦在武汉大学图书馆前留影。

建设新中国　强军立新功

新中国成立后，雷钦历任中国人民解放军总后勤部军械部副政治委员、铁道兵公安二十一师政治委员、六十四军一九〇师政治委员等职，为党的强军事业做出贡献。

1951年9月10日，雷钦（左一）作为师领导与中国人民解放军公安二十一师出席全国铁路劳模代表大会的代表合影。

1952年，雷钦（左）在赴朝慰问志愿军时，坐在被缴获的美军炮弹头上留影。

1952年，雷钦（右一）到抗美援朝前线慰问时，与中国人民志愿军一军军长黄新廷（左二）等在朝鲜老秃山阵地坑道口合影。

1955 年初，雷钦率部接管原苏军在旅大的防务。图为雷钦(前排左一)参加中苏两军相关领导干部在换防交接会议结束后在苏军警备司令部门前的照片。

1961 年冬，雷钦(左一)与刘忠(左三)、邱子明(左二)等在北京高等军事学院合影。

1962 年 1 月，雷钦在北京高等军事学院与同学合影。

20 世纪 70 年代，雷钦(右二)与何长工(右三)摄于大连。

莫道桑榆晚　余霞尚满天

雷钦晚年，情深意重地去延安、瑞金、才溪，不间断地回访和感恩革命老区的人民群众。他还去北京、大连、福州等地拜访老首长、看望老战友。他爱学习、写党史、爱劳动、练书法。真可谓：莫道桑榆晚，余霞尚满天。

雷钦在延安

雷钦在瑞金

雷钦在才溪

1982 年,雷钦(左二)在北京医院看望李志民战友时留影。

雷钦与洪学智在一起。

2002 年春节,大连市副市长看望雷钦。

2002 年 7 月，雷钦（右二）在大连。

雷钦为毛泽东才溪乡调查纪念馆题词。

雷钦离休后热爱参加劳动、锻炼身体，图为他在用丝瓜苗嫁接苦瓜的菜园里留影。

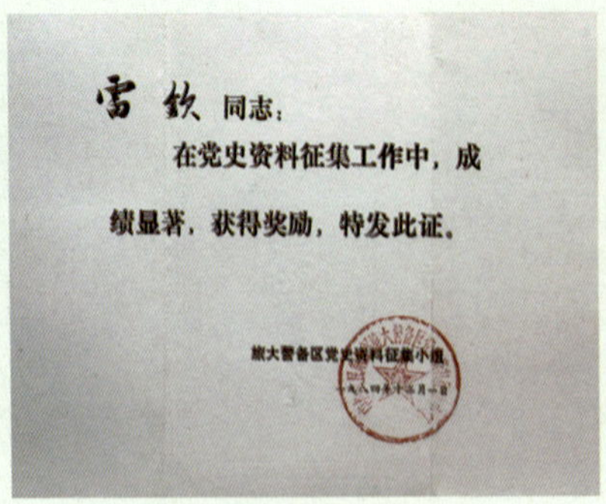

雷钦同志：

在党史资料征集工作中，成绩显著，获得奖励，特发此证。

旅大警备区党史资料征集小组

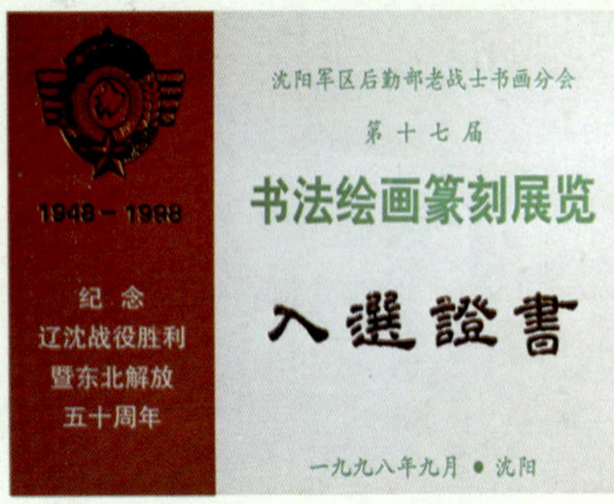

1948－1998

纪念

辽沈战役胜利

暨东北解放

五十周年

沈阳军区后勤部老战士书画分会

第十七届

书法绘画篆刻展览

入選證書

一九九八年九月 ● 沈阳

雷钦离休后热心党史工作和书法，图为他的获奖证书。

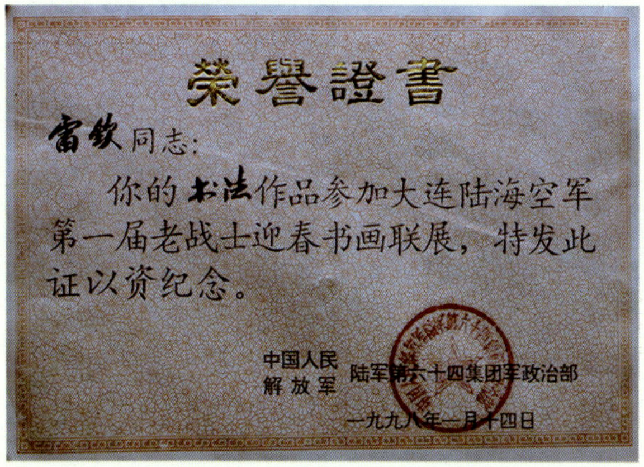

榮譽證書

雷钦同志：

你的书法作品参加大连陆海空军第一届老战士迎春书画联展，特发此证以资纪念。

中国人民解放军 陆军第六十四集团军政治部

一九九八年一月十四日

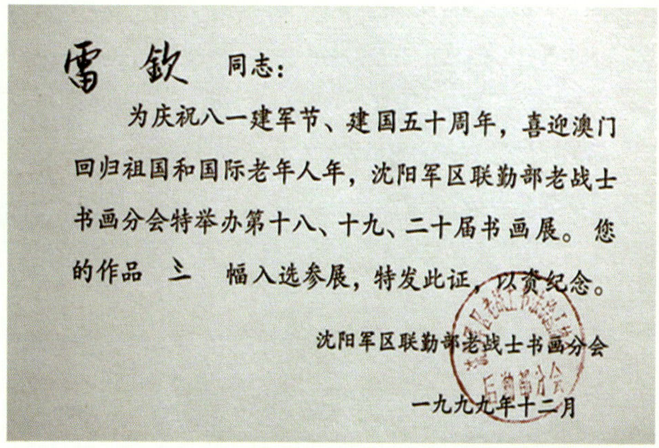

雷钦同志：

为庆祝八一建军节、建国五十周年，喜迎澳门回归祖国和国际老年人年，沈阳军区联勤部老战士书画分会特举办第十八、十九、二十届书画展。您的作品 三 幅入选参展，特发此证，以资纪念。

沈阳军区联勤部老战士书画分会

一九九九年十二月

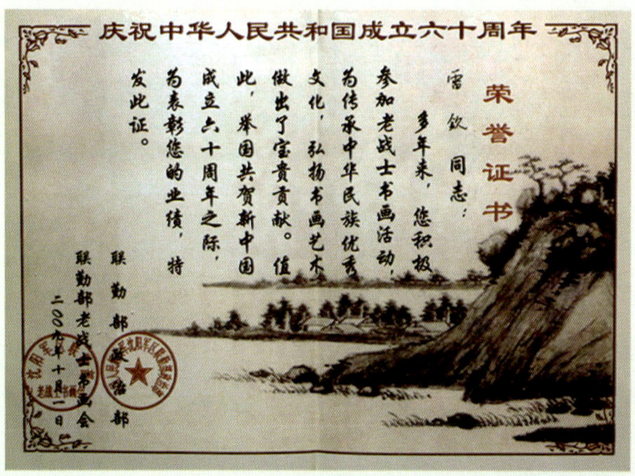

庆祝中华人民共和国成立六十周年

荣誉证书

雷钦同志：

多年来，您积极参加老战士书画活动，为传承中华民族优秀文化，弘扬书画艺术做出了宝贵贡献。值此，举国共贺新中国成立六十周年之际，特为表彰您的业绩，特发此证。

联勤部政治部

联勤部老战士书画会

二〇〇九年十月一日

雷钦同志：

您的书法作品在纪念沈阳军区联勤部老战士书画会成立三十周年书画展览中荣获三等奖。

特发此证 谨此祝贺

沈阳军区联勤部老战士书画会

二〇一三年七月

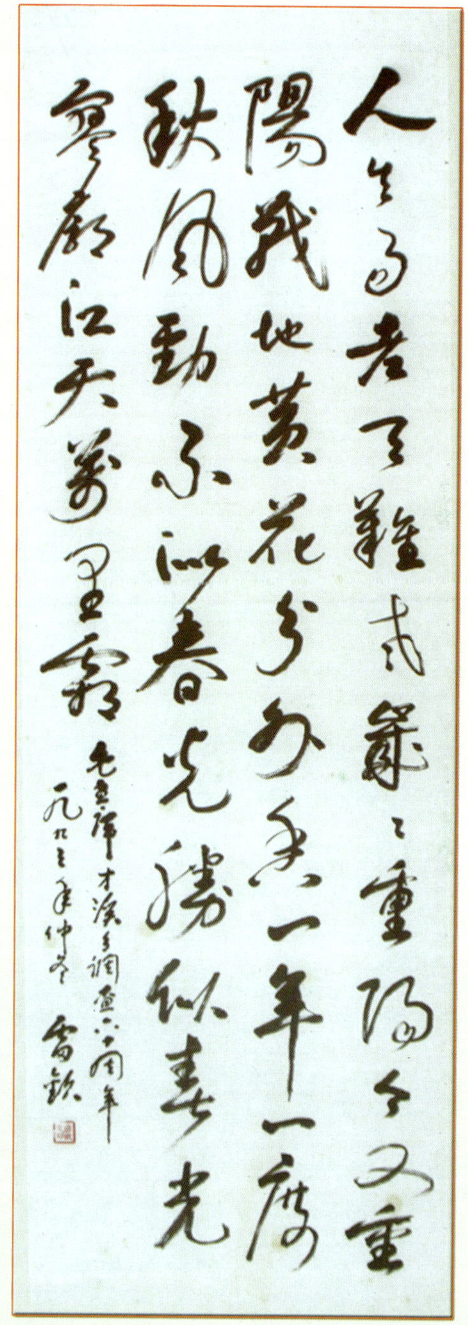

2014年6月9日，百岁将军雷钦为《战斗中成长——才溪“九军十八师”》回忆录作序。

中国共产党久经考验的忠诚的共产主义战士，中国人民解放军政治思想工作的优秀代表，雷钦同志的一生，是革命的一生，战斗的一生，光辉的一生。

——中国人民解放军沈阳军区

才溪九军十八师的省部级和地师级开国功臣

李质忠

（1915—2002）

李质忠，上杭县才溪区岭和乡人，1929 年参加革命，1930 年加入共青团，1933 年转入中国共产党；土地革命战争时期，任少共杭武县委巡视员，少共中央局机要文书，中共中央机要文书，中央军委总司令部科员、组长、副科长、科长、处长等职；参加了二万五千里长征；抗日战争时期，任中央机要局处长等职；解放战争时期，任中央机要局副局长兼机要处处长等职。

中华人民共和国成立后，李质忠历任中共中央机要局局长，晋江地委副书记，中共中央办公厅副主任、党委副书记，第四机械工业部部长等职；曾当选为中共七大、八大代表，全国人大一至三届代表。

1947 年 7 月，毛泽东在陕北靖边县小河与中前委机要人员合影(前排左一为李质忠)。

少共省委小文书　幸遇主席识俊才

李质忠，1929 年年仅 14 岁，就参加了才溪暴动。他于 1930 年参加共青团，任少共福建省委文书。图为李质忠参加才溪革命武装暴动地——才溪乡的一角。

1932 年 6 月初，红军东征漳州后，毛泽东率部回师经上杭白砂。李质忠参加了慰问演出，得到毛泽东的称赞和表扬，毛泽东还亲自送了支钢笔给他。毛泽东要他回家做好父母亲的思想工作，到毛泽东身边去工作。图为上杭白砂。

任职军委机要科　长征途中立功多

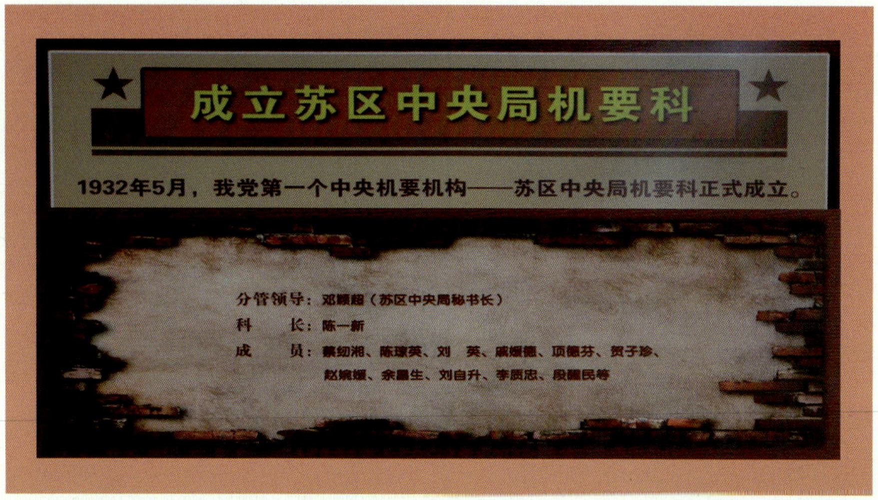

李质忠先后在少共福建省委和江西瑞金少共中央局做文书工作，1932 年调到中共苏区中央局，在邓颖超等同志领导下从事文书、密写工作，1933 年 1 月加入中国共产党。图为苏区中央局机要科和中革军委总司令部机要科的工作人员名录。

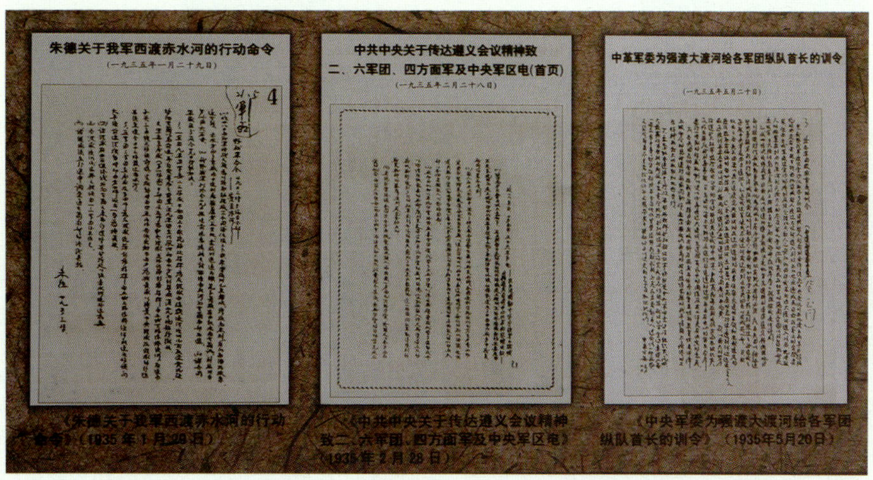

1934 年 10 月，李质忠被调到中央军委机要科从事机要工作。他在长征艰苦卓绝的斗争环境中，与其他红军机要人员一道，保障了我军机要指挥系统的畅通和文电的安全，为红军胜利到达陕北做出了特殊贡献。图为李质忠在长征途中参与发出的重要电报。

机要工作是模范　党的“七大”当代表

李质忠在延安

延安枣园中央机要局旧址

李质忠在延安枣园的办公室

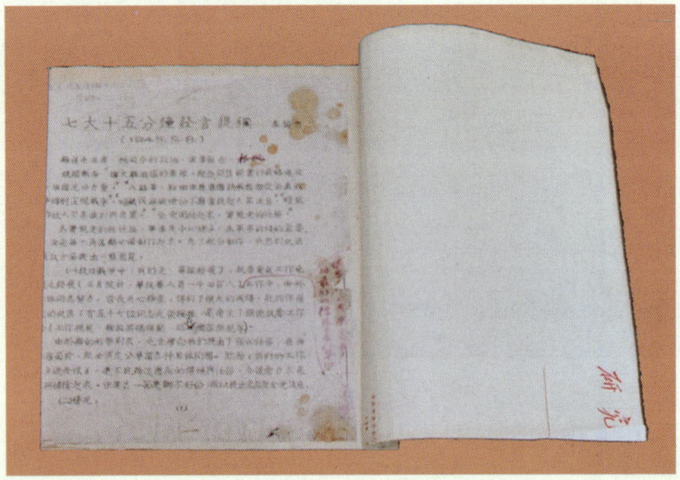

李质忠工作成绩显著，被选为中共第七届全国代表大会代表。图为1945年5月8日，李质忠在延安参加中共七大会议上的发言提纲。

励精图治建机制　鞠躬尽瘁见忠心

新中国诞生后，李质忠先后担任中央机要局局长、中央办公厅机要局局长，兼任国防科委第五十一研究所所长、南京机要学校校长等职务；1964 年 11 月，任中央办公厅副主任、党委副书记兼机要局局长；1977 年 4 月任第四机械工业部部长，1979 年 1 月调回中央办公厅任副主任、党委副书记兼机要局局长，1980 年 6 月兼任中央保密委员会办公室常务副主任，主持日常工作。他注重保密制度和工作机制建设，为新时期保密工作依法管理做出了积极贡献。

图为李质忠与杨尚昆同志一起参加机要工作会议(右一为李质忠)。

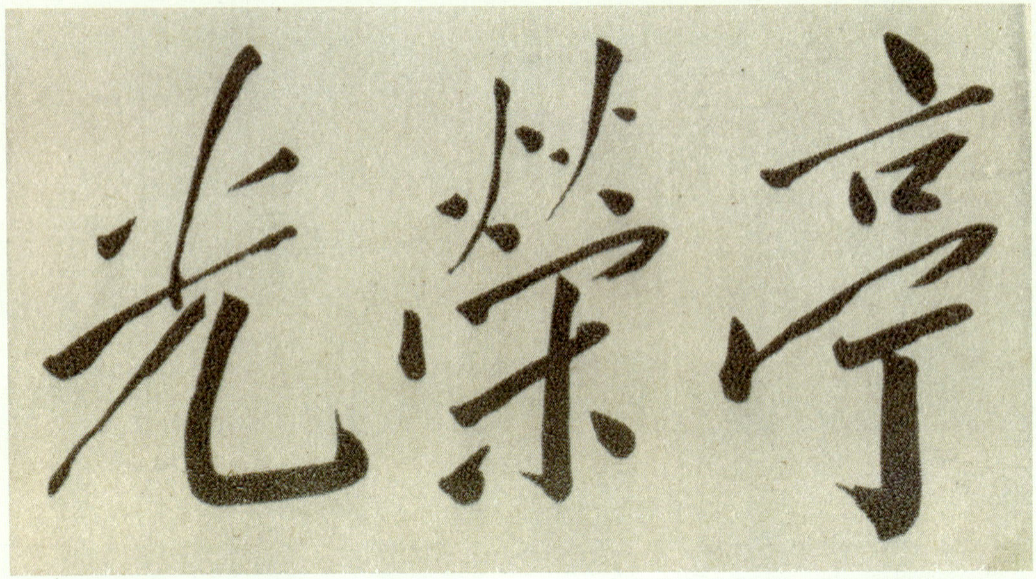

1956年5月，李质忠陪同毛主席到广州视察期间，受毛主席重托，把毛主席为才溪题写的“光荣亭”亭名专程送回才溪。图为毛主席题写的亭名和光荣亭。

不忘初心展风采　老有所为夕阳红

1983 年 3 月，李质忠离休后，仍一往情深地关心党和国家的大事，不断为党和国家做贡献。

李质忠离休后，为中央办公厅机要局同志讲党课。

1996 年，李质忠参加《从延安到中南海》出版研讨会(左起张沈川、李质忠、陈其、叶子龙)。

1993 年 11 月 26 日，李质忠(右四)应邀回才溪参加毛泽东才溪乡调查 60 周年纪念活动时，同与会老同志和福建省领导合影。

李质忠于 90 年代重访河北西柏坡，在中共中央机要室前留影。

李质忠离休后，参加老红军合唱团，并在演出时担任指挥。

李质忠（一排左七）离休后，参加文艺演出比赛并获奖。

连理风范绵世泽　革命家风代代传

李质忠与陈其，革命夫妻，志同道合，相濡以沫，风范犹存；儿孙立德，志存高远，茁壮成长。

李质忠与夫人陈其金婚纪念照

阙森华

（1916—1985）

阙森华，上杭县才溪区通贤乡东里村人，1930 年在通贤乡担任儿童团团长，参加革命活动；1932 年加入红军，成为中国工农红军的一员，1933 年加入中国共产党，曾在中国工农红军卫生学校第九期学习，参加了中央苏区第四、五次反“围剿”作战，经受了反“围剿”斗争的严峻考验，并且参加了举世闻名的二万五千里长征；到达陕北后，任后方医院护士长、副所长、副政治指导员、连队政治指导员，军委警卫营连长，营部总支书记、新兵团政治处组织股长、边区征粮工作团副团长等职；抗日战争时期，任延安中国医科大学学生队队长、附属医院政治协理员；解放战争时期曾任兴山中国医科大学附属医院政治委员兼政治处主任，中国医科大学副政治委员兼政治部主任。

中华人民共和国成立后，阙森华历任中国医科大学校长、党委书记，中共沈阳市委一、二、三、六届委员会委员，市一、二届人大代表，市政协一、二届委员等职。

儿童团长当红军　当上小平警卫员

阙森华，1916 年 8 月，出生于才溪区通贤乡东里村，1929 年加入儿童团，当过儿童团长，组织儿童团员开展站岗放哨活动。图为阙森华当年站岗放哨的地点——风云岗。

阙森华 1933 年 11 月参加工农红军，到福建省军区所属制药厂工作。1933 年加入共产党，1934 年 1 月到瑞金红军卫生学校学习。图为阙森华在红军卫生学校学习用的课本。

1934年10月，阙森华参加长征。在赤水河畔，他被分配给王稼祥当看护员。1935年3月，他被调到中央首长驻地，任邓小平警卫员。图为赤水河畔。

1936年10月，阙森华被调到军委卫生部第一后方医院，先后任护士长、副所长、政治指导员；1937年10月至1938年3月又被调至军委警卫营任一连连长。图为1938年，阙森华(后排右二)任中央警卫营教导员时在延安市清凉山与中央警卫营部队全体合影。

服从命令到东北　创办医大做奉献

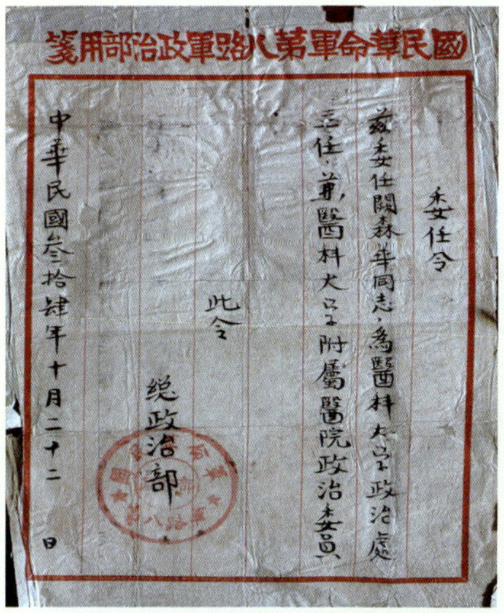

國民革命軍第八路軍政治部用箋

委任令

茲委任闞森華同志為醫科大學政治處主任兼醫科大學附屬醫院政治委員

此令

總政治部

中華民國叁拾肆年十月二十二日

1945 年 10 月 22 日，国民革命军第八路军总政治部任命阙森华为医科大学政治处主任，兼医科大学附属医院政治委员。

中央人民政府任命通知書 府字第 3995 號

茲經中央人民政府委員會第十二次會議通過任命闞森華爲中國醫科大學副校長

特此通知

主席 毛泽东

一九五一年九月三日

中華人民共和國中央人民政府之印

1951 年 9 月 3 日，中央人民政府主席毛泽东任命阙森华为中国医科大学副校长的任命书。

1952 年底，阙森华任代理校长。其间，他主持实施了《新校章》，向苏联学习办好新型正规化医科大学的经验，进一步修改教育计划，学校工作健康稳步地向前发展。图为 1953 年，中国医科大学副校长阙森华在医科大学做报告。

不忘初心勇担当 不辱使命建功勋

阙森华于 1981 年被任命为中国医科大学校长。他不辱使命，为发展高等教育事业，做出了杰出贡献。

图为 1979 年 6 月 6 日，阙森华（前排右三）欢送美国专家杰克·莱维特先生回国留影。

20 世纪 70 年代，阙森华在中国医科大学校部门前与参加医大校庆的领导和资深教授合影（前排左三为阙森华、二排左一为卫生部副部长郭子恒）。

20 世纪 80 年代，阙森华、校长李厚文(左一)，原药科大学书记李维真(左二)合影。

20 世纪 80 年代，阙森华在延安给医大 18 期同学座谈会上做报告。

20 世纪 80 年代，阙森华陪同卫生部副部长郭子恒视察医大一院。

20 世纪 80 年代，阙森华(右)与中国医学科学院党委书记王辅民(左二)在延安医大旧址。

1981 年 8 月 21 日，中国医科大学五十周年校庆时，39 期校友与领导合影(二排左九为阙森华)。

1982 年，阙森华参观才溪光荣亭。

阙森华（中）在济南与王香雄（左一）、林金亮（左二）等人合影。

1982 年，阙森华回家乡探亲期间，向通贤卫生院和通贤中学捐赠了价值几十万元的医疗设备和教学仪器设备。图为阙森华的出生地——通贤乡。

1983 年,以阚森华(前排右四)为团长的中国医科大学代表团到日本考察的一组照片。

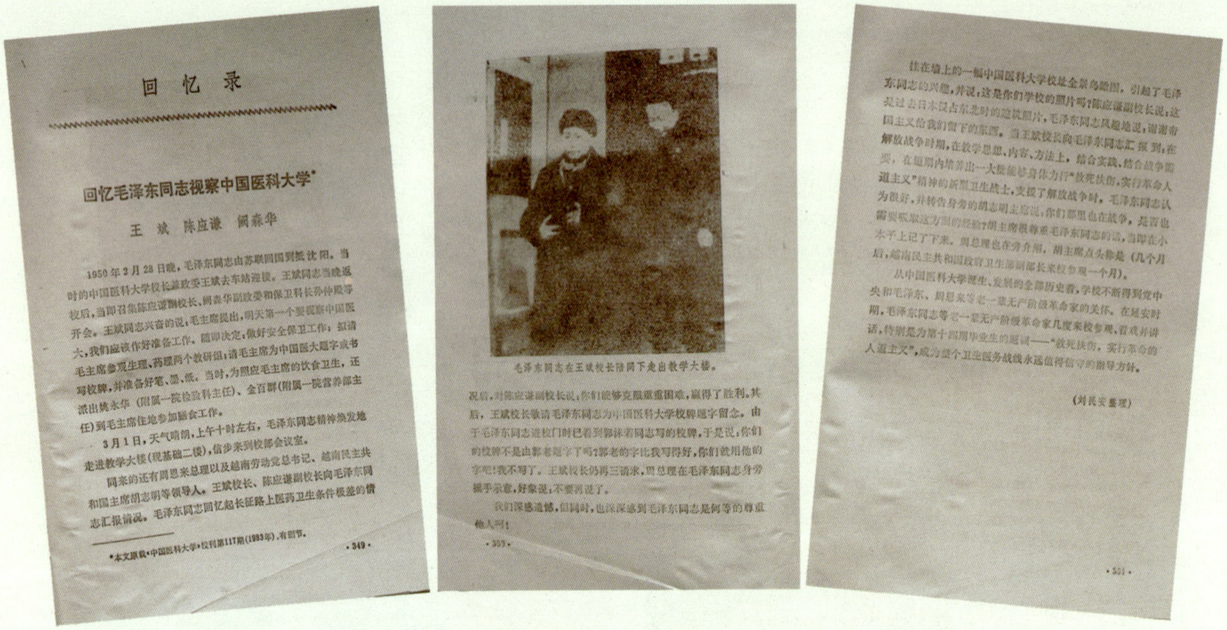

回忆录

回忆毛泽东同志视察中国医科大学*

王斌 陈应谦 阙森华

1950年2月28日晚，毛泽东同志由苏联回国到抵沈阳。当时的中国医科大学校长兼政委王斌去车站迎接。王斌同志当晚返校后，当即召集陈应谦副校长、阙森华副政委和保卫科长孙仲殿等开会。王斌同志兴奋的说：毛主席提出，明天第一个要视察中国医大，我们应该作好准备工作。随即决定：做好安全保卫工作；拟请毛主席参观生理、药理两个教研组；请毛主席为中国医大题字或书写校牌，并准备好笔、墨、纸。当时，为照应毛主席的饮食卫生，还派出姚永华（附属一院检验科主任）、金百群（附属一院营养部主任）到毛主席住地参加膳食工作。

3月1日，天气晴朗，上午十时左右，毛泽东同志精神焕发地走进教学大楼（现基础二楼），信步来到校部会议室。

同来的还有周恩来总理以及越南劳动党总书记、越南民主共和国主席胡志明等领导人。王斌校长、陈应谦副校长向毛泽东同志汇报情况。毛泽东同志回忆起长征路上医药卫生条件极差的情

*本文原载《中国医科大学》校刊第117期(1983年)，有删节。

·349·

毛泽东同志在王斌校长陪同下走出教学大楼。

况后，对陈应谦副校长说：你们能够克服重重困难，赢得了胜利。其后，王斌校长敬请毛泽东同志为中国医科大学校牌题字留念。由于毛泽东同志进校门时已看到郭沫若同志写的校牌，于是说：你们的校牌不是由郭老题字了吗？郭老的字比我写得好，你们就用他的字吧！我不写了。王斌校长仍再三请求，周总理在毛泽东同志身旁摇手示意，好象说：不要再说了。

我们深感遗憾，但同时，也深深感到毛泽东同志是何等的尊重他人啊！

·350·

挂在墙上的一幅中国医科大学校址全景鸟瞰图，引起了毛泽东同志的兴趣，并说：这是你们学校的照片吗？陈应谦副校长说：这是过去日本侵占东北时的建筑照片，毛泽东同志风趣地说，谢谢帝国主义给我们留下的东西。当王斌校长向毛泽东同志汇报到，在解放战争时期，在教学思想、内容、方法上，结合实践、结合战争需要，在短期内培养出一大批能够身体力行"救死扶伤，实行革命人道主义"精神的新型卫生战士，支援了解放战争时，毛泽东同志认为很好，并转告身旁的胡志明主席说：你们那里也在战争，是否也需要吸取这方面的经验？胡主席很尊重毛泽东同志的话，当即在小本子上记了下来。周总理也在旁介绍。胡主席点头称是（几个月后，越南民主共和国政府卫生部副部长来校参观一个月）。

从中国医科大学诞生、发展的全部历史看，学校不断得到党中央和毛泽东、周恩来等老一辈无产阶级革命家的关怀。在延安时期，毛泽东同志等老一辈无产阶级革命家几度来校参观、看戏并讲话，特别是为第十四期毕业生的题词——"救死扶伤，实行革命的人道主义"，成为整个卫生医务战线永远值得信守的指导方针。

（刘民安整理）

·351·

阙森华等人回忆毛泽东主席1952年3月1日视察中国医科大学的文章。

图为阙森华在中国医科大学办公室审阅文件。

邓启修

（1912—2004）

邓启修，上杭县才溪区岭头乡人，1929 年参加革命，同年加入共产主义青年团，1931 年参加中国工农红军并转为中国共产党党员；他参加红军后，历任团卫生队队长，教导营、骑兵营医生等职，参加了中央苏区第五次反“围剿”作战和二万五千里长征；抗日战争时期，历任一一五师骑兵团卫生队队长、中国人民抗日军政大学二分校卫生处处长、冀东军区卫生队队长、冀热辽军区卫生队队长等职；解放战争时期，历任中国人民解放军东北野战军第九纵队卫生部部长、中国人民解放军四十六军卫生部部长等职。

中华人民共和国成立后，邓启修历任大连生物制品研究所所长、中央卫生部司长、卫生防护局局长，为中国的核工业、卫生防护事业做出了突出的贡献；1978 年后，任中央保健委员会办公室主任和中国红十字总会副会长、卫生部咨询委员会委员等职。

1974 年 5 月，周恩来总理在人民大会堂接见非洲多国卫生部长时合影(后排左三为邓启修)。

出生入死驱日寇　救死扶伤迎解放

抗日战争时期，邓启修历任一一五师骑兵团卫生队队长、冀东军区卫生部部长、冀热辽军区卫生队队长等职，为驱日寇做出突出贡献。解放战争时期，邓启修任东北野战军第九纵队卫生部长、四十六军卫生部长，参加了辽沈、平津等战役战斗。

1937年，骑兵团卫生队队长邓启修(左一)在甘肃旬邑县宫和镇纪村与队员们合影。

1946年7月，冀热辽军区卫生队队长邓启修(后排左六)参加冀东军区卫生部第一届高干会议时合影。

医卫岗位担重任　鞠躬尽瘁为人民

新中国成立以后，邓启修一直都在医疗卫生系统，担当重要的领导职务。他为党和国家的医疗卫生事业的改革发展，做出了重大贡献，光辉业绩永载史册。

1980年8月，中国红十字会副会长邓启修(左三)出访英国，在南丁格尔医院考察时与英国专家合影。

邓启修参加中国红十字会投票时的照片。

1985年3月，邓启修(前排左七)参加《新中国预防医学历史经验》第三分册编委会，留影于昆明。

吴振英

(1915—1990)

吴振英，上杭县才溪区岭头乡大田村人，1929 年参加才溪暴动后参加红军；土地革命战争时期，先后在上杭县苏、福建省苏、中华苏维埃国家政治保卫局工作，1934 年被调任博古同志特务员，后历任中央军委、中共中央机要员等职，参加了二万五千里长征；抗日战争时期，历任八路军驻西安办事处机要组组长、新四军第四师司令部机要科科长、新四军军部机要科科长、中共中央机要处业务室主任等职；解放战争时期，历任北平军调处执行部机要科科长、西北野战司令部机要科科长、中共中央前委机要科科长等职。

中华人民共和国成立后，吴振英历任中共中央办公厅机要室科长，副主任兼刘少奇机要、行政、警卫秘书，第三机械工业部办公厅副主任等职。

1946 年后，吴振英曾先后任北平军调处机要科科长、西北野战军司令部机要科科长、中央机要处办公室副主任、中央前委机要科科长。图为 1947 年 7 月，毛主席在陕北小河村与机要工作人员合影（二排左一为吴振英）。

1952年冬,吴振英与国家主席刘少奇在中南海合影。

人民的好儿子　党的“七大”当代表

贫农的儿子吴振英，虽然只读过初小，但他投身革命后，在党的教育培育下，茁壮成长为一个机智勇敢、无限忠诚的党的政治机要工作者，光荣地当选为党的“七大”代表，出席了党的第七次全国代表大会。

1931年至1933年，吴振英在福建省苏维埃政治保卫局工作，跟随中华苏维埃共和国临时中央政府国家政治保卫局执行部部长李克农，从事保卫工作。图为福建省苏维埃政府旧址。

1933年，吴振英转为中国共产党党员。同年秋，吴振英随潘汉年和黄火青到十九路军做统战工作。因突发事变，吴振英当机立断，机智勇敢地护送领导安全返回中央苏区。图为“福建事变”后，召开“全国人民临时代表大会”照片。

1936年4月,吴振英被调军委机要科工作,成了新建的中共中央机要科的译电员。党中央在陕北根据地培训出的一大批译电员,背码子都是由吴振英教的。图为译电员进行收发报实习。

吴振英于1945年5月,作为华东地区代表参加了中国共产党第七次全国党代表大会。图为中共七大会议。

党的忠诚卫士　领袖的保护神

赤胆忠心干革命，全心全意为人民的吴振英，以高尚的品德，超人的智慧，敢于担当的精神，三次随护刘少奇访苏，在刘少奇身边工作19年，出色完成了党赋予的神圣使命。

1949年3月，西柏坡会议之后，吴振英正式成为刘少奇的贴身秘书。新中国成立后，随同刘少奇搬进中南海，与刘少奇一起住在字廊建筑群落内。1949年6月21日至8月14日，吴振英跟随刘少奇率中共中央代表团访问苏联。这是即将执政的中国共产党向国外派出的第一个代表团，对建立中苏关系，为新中国争取有力的国际支持做出了努力。图为1949年7月，吴振英在莫斯科的照片。

1956年10月23日上午，吴振英跟随刘少奇、邓小平、王稼祥和胡乔木组成的代表团赴苏。图为中苏代表团会议场面。

1960年11月5日，刘少奇和邓小平、彭真、杨尚昆率领中国党政代表团飞抵莫斯科，出席在苏联莫斯科举行的81国共产党、工人党代表会议，然后参加苏联十月革命43周年庆典。图为刘少奇与工作人员合影(前左一起：吴振英、杨尚昆、刘少奇、刘晓)。

吴振英陪同刘少奇在河南洛阳视察。

黄立功
（1917—1995）

黄立功，上杭县才溪区通贤乡人，1929 年参加革命，1930 年加入共产主义青年团，1931 年参加中国工农红军，1932 年转入中国共产党。土地革命战争时期，曾任三十四师一〇〇团侦察排长、七连指导员、通讯连连长、红五军团司令部作战科参谋等职，参加了二万五千里长征；抗日战争时期，历任中央军委一局作战科参谋，新四军江北指挥部五支队十三团参谋长、旅作战科科长等职；解放战争时期，历任热河纵队司令部作战科科长，冀东第十二军分区副参谋长、参谋长等职。

中华人民共和国成立后，黄立功任湖南省军区益阳军分区副司令员，参加了抗美援朝战争，任志愿军第十五军四十五师实习副师长；回国后，历任益阳军分区司令员，湖南省军区副参谋长、参谋长、副司令员、顾问等职；当选为第四、五届全国人大代表，中共湖南省第四届委员会委员、常委，第四届湖南省政协副主席；1955 年，被授予中国人民解放军大校军衔，荣获三级八一勋章、二级独立自由勋章、二级解放勋章。

1974 年,时任湖南省委第一书记华国锋(一排左起第三)与黄立功(一排左起第五)等人合影。

投身革命炼红心　高台血战遭磨难

黄立功，1917年，出生于上杭县才溪区通贤乡黄屋村，1929年夏参加乡儿童团。

1931年1月，黄立功参加红军，在福建省军区独立第八师三团一连当战士，1932年3月转为中共党员，10月任五十七师师部管理科文书，年底任五十七师师部测绘员、侦察员。图为福建省军区在长汀十里铺驻防地。

1933年6月后，黄立功任红十二军三十四师师部测绘员、侦察班长、侦察排长、七连指导员、二营特派员、师部宣传队副队长。

1934年4月，黄立功参加了红三十四师梅口一带设防，阻击国民党军周浑元向建宁的进攻。随后，他奉命配合红三军团东进作战，攻克连城，进至将乐、顺昌、洋口一带，钳制敌人，占领沙县、尤溪城等七八个县的大片地区。图为建宁县城。

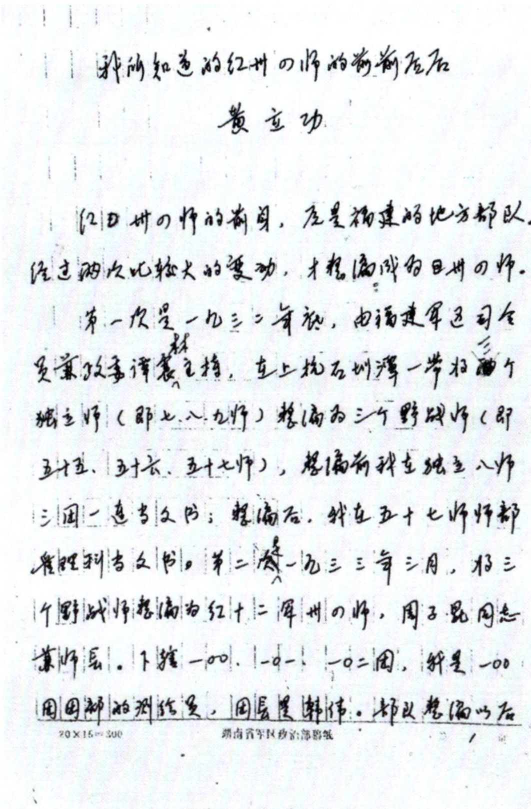

我所知道的红卅四师的前前后后

黄立功

红四卅四师的前身，原是福建的地方部队。经过两次比较大的变动，才整编成为四卅四师。

第一次是一九三二年秋，由福建军区司令员兼政委谭震林主持，在上杭石圳潭一带将三个独立师（即七、八、九师）整编为三个野战师（即五十五、五十六、五十七师），整编前我在独立八师三团一连当文书；整编后，我在五十七师师部经理科当文书。第二次是一九三三年三月，将三个野战师整编为红十二军卅四师，周子昆同志兼师长。下辖一〇〇、一〇一、一〇二团，我是一〇〇团团部的书记员，团长是韩伟。部队整编以后

20×15=300 湖南省军区政治部稿纸

1934 年 7 月，红三十四师在泽前战斗结束后，黄立功任通讯连连长兼指导员，1934 年 8 月调红五军团参训班学习，九月在兴国休整，接着开始出发参加长征。图为黄立功手稿：《我所知道的红三十四师的前前后后》。

1935 年 6 月，黄立功随部到达四川西部懋功地区，中央红军与张国焘领导的红四方面军会合后，因张国焘分裂红军，黄立功返回，第三次过草地。图为懋功会师桥。

1936 年 10 月，黄立功到达甘肃随西路军进军河西走廊，最后在甘肃高台地区与马步芳部激战，因弹尽粮绝遭到失败。黄立功被俘后被押往甘肃、新疆修公路。图为河西走廊的一片。

重见光明回延安　出生入死驱日寇

西安事变后，国共合作投入抗战，西路军被俘的红军战士被释放。黄立功回延安到军委一局任作战参谋。那时他每天都到毛主席和朱总司令办公处的地图上用大头针做成小旗标注敌我军态势。图为黄立功等回延安的照片。

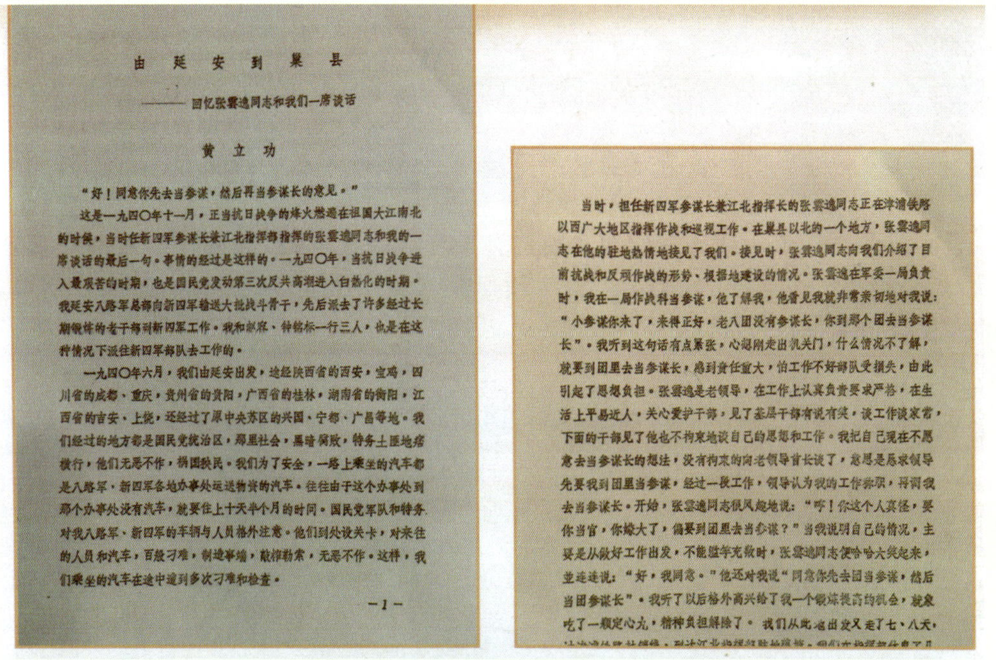

由 延 安 到 巢 县

——回忆张云逸同志和我们一席谈话

黄 立 功

“好！同意你先去当参谋，然后再当参谋长的意见。”

这是一九四〇年十一月，正当抗日战争的烽火燃遍在祖国大江南北的时候，当时任新四军参谋长兼江北指挥部指挥的张云逸同志和我的一席谈话的最后一句。事情的经过是这样的。一九四〇年，当抗日战争进入最艰苦的时期，也是国民党发动第三次反共高潮进入白热化的时期。我延安八路军总部向新四军输送大批战斗骨干，先后派去了许多经过长期锻炼的老干部到新四军工作。我和赵森、钟铭标一行三人，也是在这种情况下派往新四军部队去工作的。

一九四〇年六月，我们由延安出发，途经陕西省的西安，宝鸡，四川省的成都、重庆，贵州省的贵阳，广西省的桂林，湖南省的衡阳，江西省的吉安、上饶，还经过了原中央苏区的兴国、宁都、广昌等地。我们经过的地方都是国民党统治区，那里社会，黑暗腐败，特务土匪地痞横行，他们无恶不作，祸国殃民。我们为了安全，一路上乘坐的汽车都是八路军、新四军各地办事处运送物资的汽车。往往由于这个办事处到那个办事处没有汽车，就要住上十天半个月的时间。国民党军队和特务对我八路军、新四军的车辆与人员格外注意。他们到处设关卡，对来往的人员和汽车，百般刁难，制造事端，敲榨勒索，无恶不作。这样，我们乘坐的汽车在途中遭到多次刁难和检查。

—1—

当时，担任新四军参谋长兼江北指挥长的张云逸同志正在津浦铁路以西广大地区指挥作战和巡视工作。在巢县以北的一个地方，张云逸同志在他的驻地热情地接见了我们。接见时，张云逸同志向我们介绍了目前抗战和反顽作战的形势、根据地建设的情况。张云逸在军委一局负责时，我在一局作战科当参谋，他了解我，他看见我就非常亲切地对我说：“小参谋你来了，来得正好，老八团没有参谋长，你到那个团去当参谋长”。我听到这句话有点紧张，心想刚走出机关门，什么情况不了解，就要到团里去当参谋长，感到责任重大，怕工作不好部队受损失，由此引起了思想负担。张云逸是老领导，在工作上认真负责要求严格，在生活上平易近人，关心爱护干部，见了基层干部有说有笑，谈工作谈家常，下面的干部见了他也不拘束地谈自己的思想和工作。我把自己现在不愿意去当参谋长的想法，没有拘束的向老领导首长谈了，意思是恳求领导先要我到团里当参谋，经过一段工作，领导认为我的工作称职，再调我去当参谋长。开始，张云逸同志很风趣地说：“哼！你这个人真怪，要你当官，你嫌大了，偏要到团里去当参谋？”当我说明自己的情况，主要是从做好工作出发，不能滥竽充数时，张云逸同志便哈哈大笑起来，並连连说：“好，我同意。”他还对我说“同意你先去团当参谋，然后当团参谋长”。我听了以后格外高兴给了我一个锻炼提高的机会，就象吃了一颗定心丸，精神负担解除了。我们从此地出发又走了七、八天，

1940 年 5 月，为了重建新四军并加强队伍建设，中央抽调部分有作战经验的士兵和得力干部加入新四军。中央军委第一局作战科参谋黄立功等 3 人，从延安出发，历时 5 个多月，跨越 7 个省，途经四川、贵州、广西、湖南、江西等地，到达安徽巢县新四军江北指挥部。黄立功在江北指挥部任作战科长。其间，黄立功主动谦让，甘当参谋。图为黄立功 1985 年的回忆文章《由延安到巢县》。

新四軍將領就職通電

新四軍將領聲討親日派通電

1941 年 1 月 7 日至 14 日，新四军军部及所属皖南部队 9000 余人绕道北移时，遭 8 万多国民党军合围聚歼，发生了震惊中外的“皖南事变”。刚刚到达新四军不久的黄立功，被调往十三团任参谋长，加入了新组建的队伍，坚持长江南北的敌后抗日斗争。图为新四军将领刘少奇、陈毅等发表就职和声讨国民党顽固派的通电。

1945年8月14日，日本宣告无条件投降。为了加强东北中共党和军队的力量，9月，新四军第二师组成4个干部团北上，经验丰富的作战参谋人员黄立功奉命前往承德，接管热河省苏联红军移交各种战利品手续，为接下来的解放战争奠定扎实基础。图为1945年底黄立功(前排左一)与战友在承德。

抗日战争时期，黄立功使用的公文包。

1945年11月，黄立功任热河纵队司令部作战科科长、冀东第十七军分区副参谋长、第十二军分区参谋长等职。图为黄立功(前排右二)与战友合影。

立功湖南担重任　鞠躬尽瘁为人民

中华人民共和国成立后，黄立功历任湖南益阳军分区副司令员、中共湖南省委常委、湖南省政协副主席等职，为湖南各项事业的改革发展做出贡献。

新中国成立后，黄立功任湖南省军区益阳军分区副司令员。图为1953年，黄立功(三排右二十)与中国人民解放军湘南公安大队首届庆功大会全体功臣合影。

1961年，黄立功（二排右五）在北京万寿山与在北京读书的上杭学子合影。

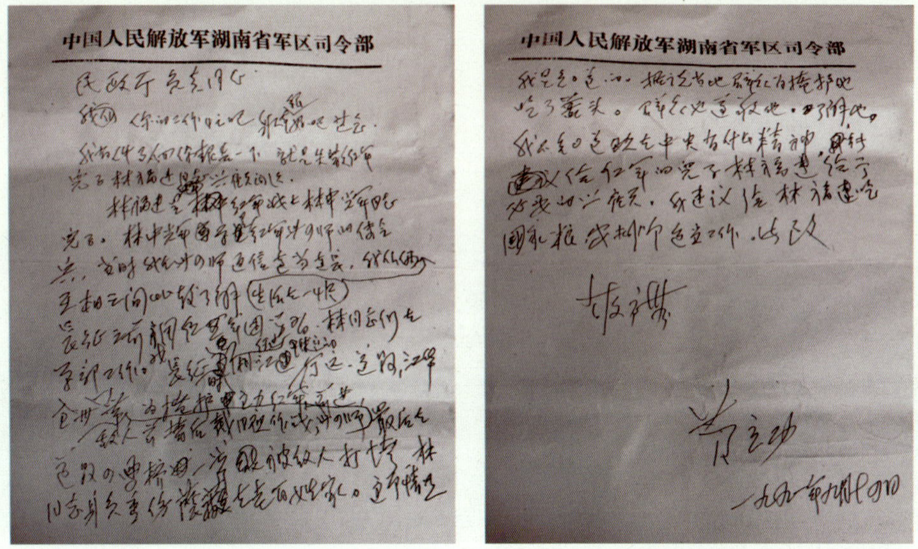
中国人民解放军湖南省军区司令部

中国人民解放军湖南省军区司令部

1991年9月14日，黄立功为三十四师传令兵战友林中辉（上杭官庄人，曾在湘江战役中身负重伤，由当地群众救治后在湖南道县安家）出具的证明信。

黄立功回才溪，瞻仰毛泽东才溪乡调查会址后，同老战友、乡亲们合影。

王荣光

（1914—1987）

王荣光，上杭县才溪区上才溪乡人，1929 年 10 月参加革命，1932 年 5 月加入中国共产党；土地革命战争时期，历任区军事委员、县苏文书、省委文书科员等职，参加了闽西三年游击战争；抗日战争时期，历任新四军教导总队第六队指导员、三团政治处党总支书记、第七师十九旅五十五团党总支书记、独立团政治处主任等职；解放战争时期，历任新四军第七师十九旅五十六团政委、华北野战军第七纵队十九师政治部主任、三野二十五军七十三师副政委等职。

中华人民共和国成立后，王荣光历任福建省晋江军分区政委、二十九军八十五师政委、三十一军政治部副主任、华东军区上海市兵役局副政委、江苏省军区政治部副主任、南京军区工程纵队政委、江苏省军区副政委等职，1955 年被授予大校军衔，并荣获二级独立自由勋章、二级解放勋章。

出生入死战日寇　解放战争建功勋

抗日战争时期，王荣光历任新四军第七师十九旅五十五团党总支书记等职，作战勇敢，几次负伤。1941 年 1 月，“皖南事变”战斗中臂骨被打碎。图为 1939 年 10 月王荣光(左二)、王直(中)与部分政工人员合影。

王荣光参加淮海战役战斗时，参加与敌二〇三师的谈判获得成功，敌人不得不投降。他立了功。他在渡江战役中负责调集渡江船只，又立了功，晋升为师副政委。图为王荣光荣升为师副政委率部南下时与警卫人员合影。

海防前线卫海疆　强军卫国做贡献

新中国成立后，王荣光历任福建省晋江军分区政委、江西省军区副政委等职。图为 1951 年 4 月，王荣光(前排右二)任二十九军八十五师政委时与全师首届机工会议同志合影。

图为王荣光(中)到东山岛与战士们一起研究和部署演习方案。

开国功臣来鼓励　广大师生争上游

王荣光回乡期间，一次次的亲切教导，给才溪广大干部和教师以巨大的鼓舞。

20 世纪 80 年代，王荣光回到家乡，深入中小学视察，谆谆教导才溪乡的干部、教师，一定要尽力办好教育，培养人才。图为王荣光在视察才溪中学的实用菌培植场时，高兴地说："能组织师生利用课余时间，参加生产劳动实践，很好！"

王荣光视察了毛泽东才溪乡调查纪念馆后，对纪念馆的工作人员说："你们的工作很重要，很有意义，你们宣传的是毛主席的教导，是才溪光荣的革命斗争史。你们要告诉青少年，才溪光荣就光荣在听毛主席、共产党的话，跟共产党走。"图为王荣光在毛泽东才溪乡调查纪念馆视察。

刘卫民

（1914—1996）

刘卫民，上杭县才溪区下王乡人，1931年参加中国工农红军，1932年加入共产主义青年团，1934年转入中国共产党；土地革命战争时期，曾任司号员、红十二师俱乐部主任、军政治部宣传员、保卫部书记、特派员兼译电员等职，参加了二万五千里长征；抗日战争时期，历任旅司令部译电员、晋察冀军区第四分区司令部机要科长，冀晋军区司令部机要科长、卫生部政委、团政委等职；解放战争时期，历任华北军政大学团干队政治指导员、政治部组织部长助理、干校干部部长、冀晋军区后勤部卫生部政委等职。

中华人民共和国成立后，刘卫民历任华北军区后勤部政治部干部部长、北京军区工程建筑部政委和党委书记、邯郸军分区政委、邢台军分区政委等职；1955年被授予中国人民解放军大校军衔，荣获三级八一勋章、三级独立自由勋章、二级解放勋章；1988年荣获二级红星功勋荣誉章。

身经百战谋解放　功载史册耀千秋

1936年刘卫民（中）在甘肃灵台。

1937年，刘卫民在陕西富平县。

抗日战争时期刘卫民（后排中）与战友合影。

抗日战争时期，刘卫民（右一）与战友合影。

抗日战争时期，刘卫民（右三）与战友合影。

励精图治立新功　鞠躬尽瘁为人民

20 世纪 50 年代，刘卫民(前排左三)在北京与战友合影。

20 世纪 50 年代，刘卫民(前排右一)在北京与战友合影。

20 世纪 60 年代初，刘卫民(右一)与连队干部谈话。

刘卫民在刻苦学习。

刘始明

（1914—2009）

刘始明，上杭县才溪区下王乡人，1929 年 9 月参加革命，1931 年 2 月参加中国工农红军，同年 12 月加入中国共产党；土地革命战争时期，历任排长、红军大学特科干部团连长、军委特务团参谋长等职；参加了中央苏区二至五次反“围剿”作战和二万五千里长征；抗日战争时期，历任抗日军政大学教员、队长、科长，冀鲁豫军区第七军分区参谋长；解放战争时期，历任华北野战军十纵队三十旅参谋长、解放军二野第五十八军一七四师副师长兼参谋长等职务。

中华人民共和国成立后，刘始明先后任广西军区宜山军分区副司令员兼参谋长、广西军区军政干校常务副校长；1952 年 10 月—1954 年 12 月进入中国人民解放军南京军事学院高级速成系学习；后任重庆第二步兵学校校长，甘肃武威步兵学校校长，甘肃武威炮兵学校校长，西安炮兵学校副校长，西安炮兵技术学院副院长、院长，第二炮兵技术学校校长等职；1968 年任中国人民解放军第二炮兵司令部副参谋长；1974 年后任国务院国防工业办公室副秘书长、秘书长，国防科工委顾问等职务；1955 年 9 月被授予中国人民解放军大校军衔，荣获二级八一勋章、二级独立自由勋章、二级解放勋章；1988 年被授予中国人民解放军二级红星功勋荣誉章。

保卫苏区立了功　泸定桥上负重伤

刘始明，出生于贫农家庭，1931年参加中国工农红军，同年12月，加入中国共产党，1934年秋进入瑞金红军学校学习。

1934年秋，刘始明在瑞金红军学校学习并任工兵连排长。学习期间，他奉命率排日夜兼程赶到沙县，连续5天5夜终于挖通了入城的孔道，胜利完成了炸开城墙的爆破任务，一举歼灭了守敌3个团和1个旅部，得到了军团首长的表彰。1934年10月，刘始明参加长征。图为瑞金红军学校旧址。

1935年5月29日，红二师四团官兵一昼夜奔袭120公里，凌晨6时许到达泸定桥西岸。第二连连长廖大珠等22名突击队员冒着枪林弹雨和火墙密布的铁索夺下桥头，并与左岸部队合围占领了泸定桥。工兵连连长刘始明，紧随其后铺垫桥板，不幸被敌人枪弹击中落入离桥几丈高的江里，漂流几里远后挣扎上岸，身负重伤仍继续北上。图为反映红军抢占泸定桥的画作。

听党指挥办军校　科技强军大功臣

新中国成立后，刘始明艰难地经历了从武将变成办学育人的儒将，即从广西军区宜山军分区副司令员兼参谋长，变为甘肃武威炮兵学校校长的嬗变过程，让他成为后来的中国人民解放军第二炮兵司令部副参谋长、国务院国防工办秘书长、国防科工委顾问，为党的科技强军事业做出杰出贡献。

1958年10月，中央军委决定将武威步兵学校改建为导弹部队学校，国务院总理周恩来任命刘始明为中国人民解放军武威炮兵学校校长（首任）。建校初期，刘始明排除万难完成了学校新编制配备、基础改建、新教学大纲编写、苏联专家引进等工作，培养了大批人才。刘始明为我军战略导弹部队的组建和人才培养做出了突出贡献，是我军战略导弹部队的奠基人。图为1960年，刘始明（前排左五）在武威炮兵学校与军政干部合影。

2004年,刘始明90岁大寿,和叶挺将军长子原国防科工委科技委员会副主任叶正大中将(左五)等人合影。

2005年,中国第二次载人飞船发射成功后,刘始明(左四)与神舟五号宇航员杨利伟(右四)、费俊龙(左二)、聂海胜(右三)合影。

2006 年，原军委委员、总政治部主任李继耐上将慰问刘始明。

2006 年，原军委委员、总装备部部长陈炳德上将，政委迟万春上将慰问刘始明。

2007 年，刘始明和原第二炮兵政治部副主任李春江少将合影。

2008 年，原军委委员、总装备部部长陈炳德上将慰问刘始明。

光辉业绩载史册　精神风范绵世泽

刘始明晚年，关心党和国家大事，也关心和支持家乡教育等事业的发展，用实际行动传承红色基因。

刘始明携孙辈为毛泽东才溪乡调查纪念馆题词。

1985 年，刘始明(中)参观毛泽东才溪乡调查纪念馆。

刘始明荣获的勋章和证书

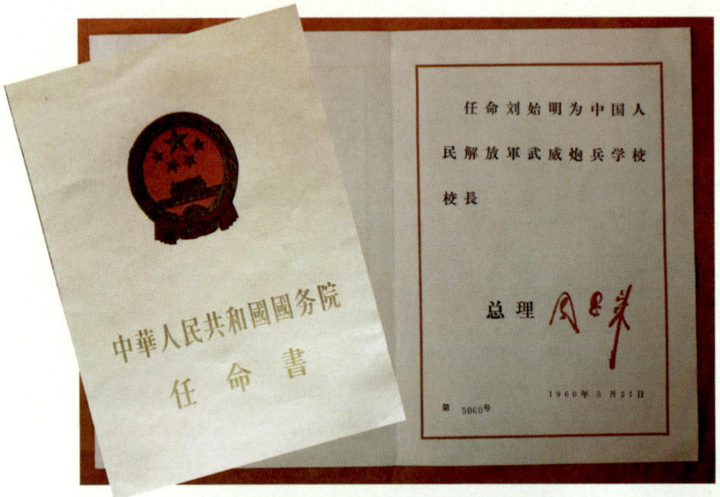

林茂

（1917—2016）

林茂，上杭县才溪区下才溪乡发坑村人，1930 年参加革命，1931 年参加中国工农红军，1933 年加入中国共产党；土地革命战争时期，曾在福建省军区后方医院当看护员，后进入红军卫生学校学习；1934 年 10 月参加长征；抗日战争时期，先后任八路军一二〇师三五八旅七一六团主治军医、七一六团卫生队队长、一二〇师三五八旅卫生部医务科长等职。

中华人民共和国成立后，林茂历任兰州军区卫生部处长、军区后勤部卫生部部长、后勤部副部长等职；在抗美援朝战争中，任志愿军医院管理局局长；回国后，任大连高干疗养院院长、沈阳军区旅大警备区后勤部政委等职。1955 年被授予中国人民解放军上校军衔，1959 年晋升为大校；荣获三级八一勋章、二级独立自立勋章、二级解放勋章；1988 年，被授予二级红星功勋荣誉章。

从事医疗　尽职尽责

1929 年冬，为了支援革命战争，才溪区苏维埃政府在才溪庄背庙设立医务所，1931 年又扩大为中国工农红军福建省军区临时后方中医院。林茂是中医院的看护员。图为中国工农红军福建省军区临时后方中医院才溪庄背庙。

1939 年，加拿大共产党员、蒙特利尔皇家维多利亚医院外科主任白求恩大夫来到一二〇师前线医治伤病员。其间，林茂参加了白求恩大夫授课的医务骨干学习班学习。他不仅从白求恩大夫那里学到医疗技术，还亲身感受到白求恩大夫的高尚品格和独特个人魅力。图为白求恩大夫和晋察冀军区的八路军在一起。

抗美援朝　保家卫国

1952年,林茂参加抗美援朝(后排左一)与军后勤部部分领导和工作人员合影。

1953年,林茂(右四)在朝鲜与志愿军一军后勤部工作人员一起欢迎医疗队。

1953年,林茂在朝鲜战场前沿阵地坑道口留影。

事业有成　人民爱戴

林茂任沈阳军区旅大警备区后勤部政委事业有成，人民爱戴。

1974年，林茂陪同沈阳军区司令员李德生在旅大警备区后勤部检查工作。

1975年，旅大警备区后勤部领导上台演唱革命歌曲，指挥者为林茂。

1986 年 8 月 16 日，沈阳军区离退休干部代表会议合影(前排右七为林茂)。

1996 年 10 月 16 日，林茂(二排右六)参加大连市纪念红军长征胜利六十周年座谈会后留影。

开国功臣　家国情怀

林茂幸福的一家。

林茂（左一）与党史工作人员谈革命经历。

林茂给才溪纪念馆赠送回忆录并题词。

阙龙胜

（1912—1997）

阙龙胜，上杭县才溪区大地乡人，1929 年参加革命，1930 年参加中国工农红军，1932 年加入中国共产党；土地革命战争时期，曾任红十二军三十五师一〇五团第二连班长、材料科员等职；参加了中央苏区第一至五次反“围剿”斗争和二万五千里长征；抗日战争时期，历任八路军总司令部特务团五连司务长、新四军三师七旅二十一团后勤处处长等职；解放战争时期，历任东北地区第七纵队驻郑家屯办事处主任，一三一师后勤部副部长、部长，军留守处处长，四十四军后勤部副部长等职。

中华人民共和国成立后，阙龙胜参加了抗美援朝战争，任志愿军十二军后勤部副部长兼运输科长；回国后，历任中南军区海军舰队后勤部副部长、部长，舰队司令部副参谋长等职。1955 年被授予中国人民解放军大校军衔，荣获三级八一勋章、三级独立自由勋章、二级解放勋章。

英勇作战逞赤胆　采药制药当模范

阙龙胜，1912 年 8 月出生于才溪区四坊乡大地村，12 岁就当学徒做纸，1930 年参加红军，参加第二次长沙战斗，12 月，参加了第一次反“围剿”的龙岗战役。他所在部队被改编为十二军三十五师一〇五团二连，阙龙胜任战士。图为长沙城旧址。

1931 年 7 月，阙龙胜被分配到福建省军区卫生材料厂学习制药，1932 年 10 月，在长汀县四都卫生材料厂加入了党的组织；1933 年，他到中央卫生材料厂，从事采药材、制药等工作。

1934 年 10 月，阙龙胜参加长征。他在行军中专职管理药箱子。1935 年 1 月，组织先遣工作团，阙龙胜被调去专门收集重要中药。图为江西瑞金中央卫生部材料厂旧址。

痛歼日军卫中华　后勤供给功卓著

1937年4月，阙龙胜到前方总部特务团五连任司务长，后所在部队休整改编为八路军，北上渡过黄河到山西省五台县参加高阳县战斗，走上了抗日的最前线。同年9月，他被调六八五团卫生队任司务长。图为阙龙胜随部渡过黄河。

1939年2月，六八五团扩大为苏鲁豫支队，阙龙胜任会计，1940年春任股长，参加了江苏丰县华山战斗，在苏北地区坚持打游击。图为1940年11月，苏鲁豫支队骑兵营之一部合影。

1942年4月，阙龙胜调二十一团任供给处处长。1943年4月，敌后战场发生变化，日寇进行大扫荡，阙龙胜到淮海四支队任供给处处长。他在当地政府及人民群众帮助下，在敌伪区购买布匹、燃料、电池、西药等物资，按时完成部队交给的任务。图为2013年3月19日"淮海四支队"纪念碑在涟水县前进镇举行落成仪式，钟伟将军之子为纪念碑揭幕。

1945年1月，阙龙胜参加中干队学习，毕业后调新四军三师特务团任供给处长，参加了夏季新四军三师攻打清江城的战斗。图为阙龙胜（一排右四）和参加1945年夏季新四军三师攻打清江城主攻团的部分营级以上干部合影。

战北征南谋解放　豪情万丈凯歌还

1947年3月,北满成立新三师(属七纵队)。阙龙胜调三师任副部长,参加了东北民主联军在沈阳至山海关、长春至大石桥铁路沿线对国民党军实施大规模进攻作战的"秋季攻势"。图为9月28日,阙龙胜夫妻合影(北宁铁路沿线)。

1948年5月间,阙龙胜调郑家屯办事处任主任,同年10月在锦州和辽沈战役中,参加了人民解放军东北野战军在辽宁省西部地区对国民党军的一次大规模围歼战的辽西战役。图为辽西战役战斗场景照片。

1949年,阙龙胜所在部队转移到新立屯、锦州,直到进关至天津。1949年4月,部队南下,阙龙胜调留守处任处长,参加了解放广州的战斗。图为解放广州部队入城照片。

扎根海防最前线　强军卫国做贡献

阙龙胜抗美援朝回国后，历任中南军区海军舰队后勤部副部长、部长，舰队司令部副参谋长，为海军革命化、现代化、正规化建设，巩固海防，做出重要贡献。

1970 年，阙龙胜调入南海舰队司令部任舰队副参谋长照片。

1977 年，阙龙胜和警卫员合影。

阙龙胜荣获的勋章和纪念章。

阙龙胜离休后，经常为当地中小学生做传统报告。图为九江新闻电视台记者采访阙龙胜。

1987年，毛泽东才溪乡调查纪念馆工作人员拜访阙龙胜。

阙龙胜幸福美满的一家

1953年，阙龙胜回国后任中南海军后勤部副部长。1957至1960年调海军学院学习。1960年回南海舰队后勤部任部长。图为1957年5月，阙龙胜在广州与孩子们合影。

阙龙胜在新中国成立初期与夫人李淑弥的合影。

阙龙胜和家人在一起。

黄思梅

（1915—2010）

黄思梅，上杭县才溪区培才乡人，1930年参加革命，1932年参加中国工农红军，1936年加入中国共产党；土地革命战争时期，曾任通讯员、班长等职，参加了中央苏区第四、五次反“围剿”和二万五千里长征；抗日战争时期，历任译电组长、机要科长等职；解放战争时期，历任辽北军区和嫩江军区机要科长、西满军区组织部组织科长、西线留守处政委、第四野战军后勤部副科长等职。

中华人民共和国成立后，黄思梅历任中南军区后勤部干部处副处长、中央军委总财务部干部处处长、总后营房部政治部主任、总后驻沈阳地区军事代表室政委、白城办事处军械处政委、白城办事处副政委、沈阳军区后勤部顾问等职，1955年被授予中国人民解放军大校军衔，荣获三级八一勋章、二级独立自由勋章、二级解放勋章。

共青团员　带头报名当红军

黄思梅，1915 年 12 月出生在一个极贫穷的农民家庭。他读过一年小学，12 岁就跟做泥水匠的父亲，到漳平永福一带打工。他于 1930 年参加乡赤卫队，1931 年加入共青团，1932 年 4 月在才溪马道坝扩红大会上，带头报名参加工农红军。他参军后，在红一军团军需处任通讯员。

黄思梅先后加入了儿童团、赤卫队、共青团并参加站岗放哨、送信贴标语等活动。图为儿童团学习的课本。

反映黄思梅于 1932 年 4 月，在才溪列宁台前报名参加红军的创作画。

九死一生　太平房里被救活

1935 年，黄思梅与广大红军指战员一起突破乌江，攻打遵义、土城，四渡赤水，抢渡金沙江、大渡河，翻越雪山，走过草地等，历经万水千山终于到达陕北。图为到达陕北后的红一方面军一部。

黄思梅与红军指战员到达陕北后，参加了直罗镇、预五堡战斗，并于1936 年参加红军东渡黄河和攻打三交镇、关上、洪洞等战斗。西渡山西时，黄思梅左臂和头部中弹，被送到破窑洞(太平房)，后经抢救脱险，但留下后遗症。图为准备东渡黄河开赴抗日前线的中国工农红军一部。

抗日战争爆发后，黄思梅被编到八路军一一五师，并参加了平型关大战。图为平型关战场。

1945年7月，黄思梅从抗大毕业。他在解放战争中参加了攻打锦州、天津等战斗，接着经济南、郑州渡江攻打武汉，进军中南，追击残敌。图为锦州战役的一个战斗场面。

德艺双馨　被誉军中一枝梅

黄思梅自1981年离休后，二十多年如一日，砥砺翰墨，挥洒丹青，博采众长，独树一帜，成为中国老年书画研究会成员。他的作品备受聂荣臻元帅及众将军赏识，被誉为“军中一枝梅”。

1981年67岁的黄思梅离休后，拿笔起步学画。他刻苦努力步入画坛，成为中国老年书画协会会员。他的作品立意清新，格调高雅，多次在报刊上发表和大型画展中展出，在国内外享有一定的声誉。图为黄思梅在作画。

图为1986年6月，中国人民解放军老战士代表团访问阿尔及利亚时，黄玉昆团长向阿尔及利亚老战士组织赠送黄思梅的作品《松风鹤立》。

1988 年 11 月，聂荣臻元帅(中)与部分老同志在人民大会堂留影，右二为黄思梅。

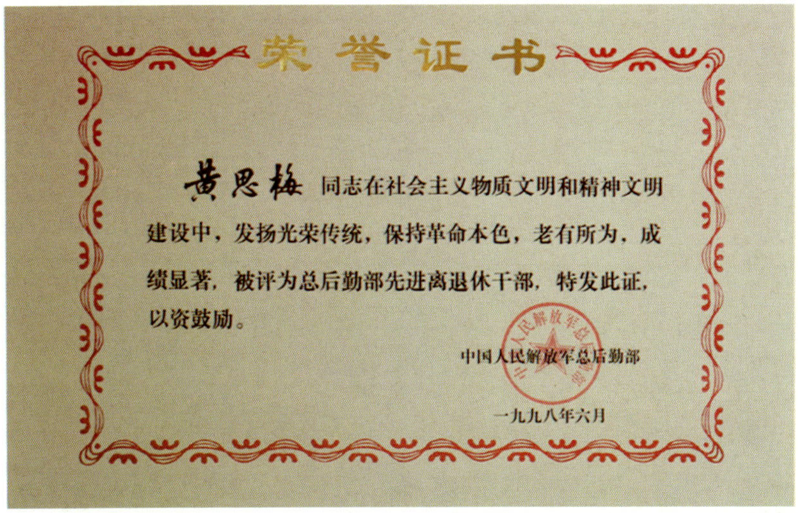

荣誉证书

黄思梅 同志在社会主义物质文明和精神文明建设中，发扬光荣传统，保持革命本色，老有所为，成绩显著，被评为总后勤部先进离退休干部，特发此证，以资鼓励。

中国人民解放军总后勤部

一九九八年六月

1998 年 6 月，中国人民解放军总后勤部发给黄思梅的荣誉证书。

2000 年 1 月 28 日，黄思梅(前排右四)被评为先进个人。图为黄思梅获奖后与领导合影。

黄思梅荣获全军先进离休干部称号。

1998年，黄思梅创作的一幅10米长卷《傲雪迎春》，劲健秀逸，画风独标，气势磅礴，受到各界人士好评，聂荣臻、萧克、杨成武、孙毅、李真、余秋里、赛福鼎、莫文骅、吴阶平、柴泽民、史进前等对黄思梅的画作题词和祝贺。

游玉山

(1900—1997)

游玉山，上杭县才溪区同康乡人，1929 年加入中国共产党，同年参加中国工农红军，土地革命战争时期，曾任武东游击队大队长，红军补充团四连司务长，福建省军区没收委员会指导员，杭、永、岩三县合编第一作战分区没收委员会主任等职；抗日战争时期，历任团作战参谋、参谋长，一纵队二旅侦通科科长等职；解放战争时期，历任山东胶东特务团团长，泰州分区参谋长等职。

中华人民共和国成立后，游玉山历任三明军分区参谋长、永安军分区司令员等职；1955 年被授予中国人民解放军大校军衔，荣获二级八一勋章、二级独立自由勋章、二级解放勋章。

开国功臣　高风亮节

1955 年授衔时，游玉山与夫人合影。

90 高龄的游玉山年老体弱，但他仍很关心国家大事。图为游玉山在看报。

革命前辈　干部楷模

游玉山在才溪革命烈士纪念碑前看家乡新貌。

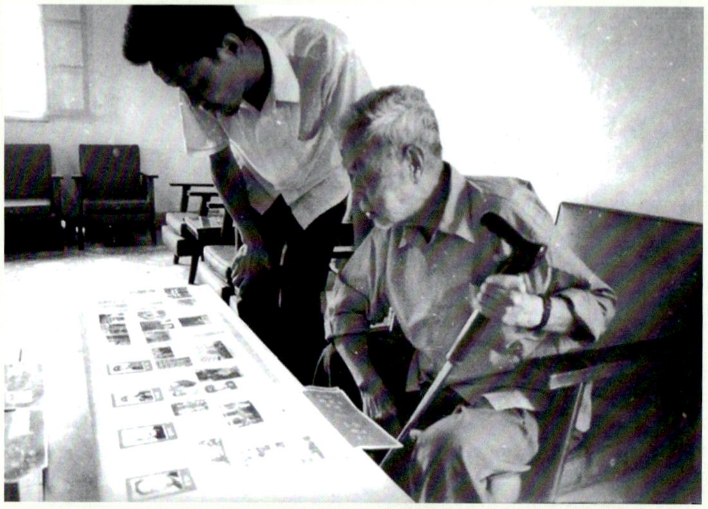

1990 年 11 月，游玉山在才溪纪念馆审阅才溪人民革命斗争史资料。

1990 年 11 月，游玉山（左）在才溪宾馆与王培臣一起回忆当年才溪人民革命情景。

王培臣

（1914—2007）

王培臣，上杭县才溪区上才溪乡人，1929 年参加才溪农民暴动，1930 年参加中国工农红军；在土地革命战争时期，他曾任连长、总支书记、营政治教导员等职；参加了中央苏区二至五次反“围剿”作战，红军主力长征后，在闽西南坚持三年游击战争。在抗日战争时期，他历任侦察参谋、作战参谋、团参谋长、二支队作战科科长、新四军总部侦察科副科长、新四军第七师沿江支队参谋长、新四军第七师十九旅五十六团团长、皖中军区第一纵队副司令员等职。在解放战争时期，他历任第三野战军七纵队十九师参谋长、副师长，第二十五军七十三师师长等职。

中华人民共和国成立后，王培臣历任师长兼党委书记、二十六军副参谋长兼作训处长、胶东半岛国防工程指挥部参谋长等职，荣获三级八一勋章、二级独立自由勋章、二级解放勋章。

当兵不怕死　百战成师长

王培臣于1931年参加红军，参加了中央苏区二至五次反“围剿”作战；主力红军长征后，在南方坚持三年游击战争；抗日战争时期，满腔热血奔赴抗日战场；解放战争时期，出生入死，身经百战。他在莱芜战役中率五十五团英勇战斗，首创了华野一个团歼敌近两个团的范例，获得了纵队的嘉奖；渡江战役中率七十三师共歼敌六千余人，缴获大批军用物资，而七十三师仅伤亡百余人。

1939年，王培臣任新四军二支队三团参谋时在皖南泾县团部研究作战方案后留影。

1948年，二十五军七十三师师长王培臣在参加淮海战役前于山东留影。

解放立战功　剿匪除匪患

在解放战争中,王培臣参加了鲁南、莱芜、淮海、渡江等战役,在 1949 年 4 月的渡江战役中,七十三师师长王培臣率部共歼敌六千余人,缴获大批军用物资,而七十三师仅伤亡百余人。图为在渡江战役中激战镇江象山的照片。

1950 年 5 月,王培臣在浙江瑞安指挥所部参加剿匪时留影。

战友情谊深　浓浓故乡情

1950 年，七十三师师长王培臣与该师文工队演出《刘胡兰》的全体演员合影。

1953 年，王培臣（后排右二）与战友们在山东莱阳合影。

新中国成立初期，王培臣（左二）与刘忠、王胜、王集成等人在一起。

王培臣（中）、黄立功（右）与王香雄（左）在上杭才溪区苏维埃政府旧址前合影。

1993 年，王培臣（左三）参加纪念毛泽东才溪乡调查六十周年活动时与家乡亲属在一起。

黄德彪

（1917—1995）

黄德彪，上杭县才溪区通贤乡通贤村人，1930 年参加中国工农红军，同年加入中国共产党；土地革命战争时期，曾任红十二军三十四师宣传队队长、干部团班长，中央军委机要员，红二十八军刘志丹部机要科长等职，参加了二万五千里长征；抗日战争时期，历任平西军分区机要科长、冀中军区七十八团政治委员等职；解放战争时期，任第四野战军后勤部总务科长等职。

中华人民共和国成立后，黄德彪历任江西省军区民运部副部长、福建省省直机关党委副书记、上杭县委书记、龙岩地区中级人民法院院长、中共龙岩地委副书记等职。

青春戎马打天下　老来洪福会领袖

黄德彪在战火纷飞的革命战争中出生入死，英勇杀敌，屡建战功；新中国成立后，历任江西省军区民运部副部长、福建省委省直机关党委副书记、上杭县委书记、龙岩地委副书记，鞠躬尽瘁为人民，深受广大干部群众的爱戴。图为黄德彪（前排左一）等老同志，于1989年12月获中共中央总书记、国家主席江泽民（前排左四）的接见。

关心家乡事业发展　重视传承光荣传统

黄德彪十分关心家乡事业的建设发展。图为1990年10月，黄德彪在通贤乡调研时，与乡领导亲切交谈。

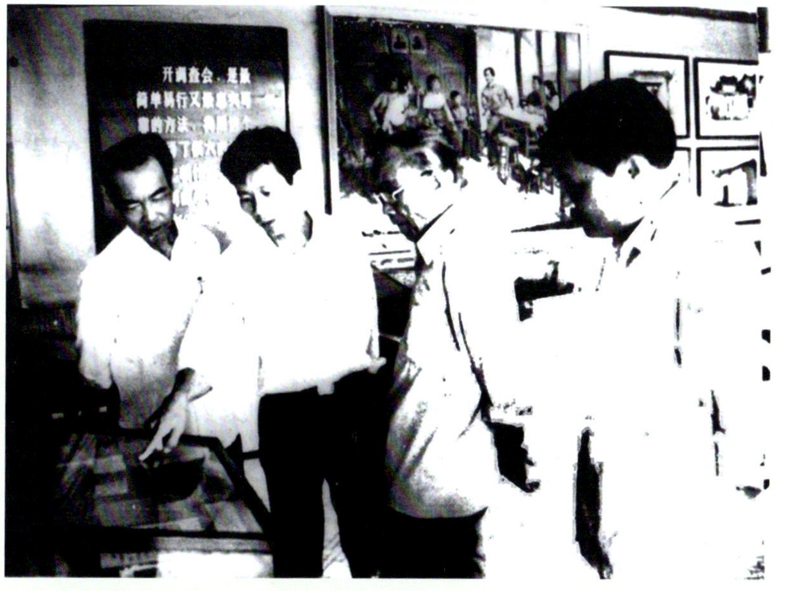

黄德彪一向关心和重视传承革命光荣传统。图为黄德彪在毛泽东才溪乡调查纪念馆调研和指导工作。

林金亮

（1911—1982）

林金亮，上杭县才溪区下才溪乡发坑村人，1929 年参加中国工农红军，1934 年加入中国共产党；土地革命战争时期，曾任中国工农红军红十二军警卫连班长、排长，被选送红军彭杨军事政治学校学习，并参加福建省军区比武，获特等射手称号，毕业后历任副连长、连长、福建省军区卫生材料厂管理员及文书，后经闽西早期革命领导人罗化成推荐进入瑞金红军卫生学校学习，后任红五军团卫生部医助、红四方面军直属医院医生、红军总司令部医务所所长等职，参加了一至五次反“围剿”作战和二万五千里长征；抗日战争时期，历任晋察冀军区后方医院医务科长、院长，白求恩医院院长，军区卫生部医务主任、卫生巡视团副主任，冀中军区卫生部副部长，抗大七分校卫生部医务主任等职，其间，同伟大的国际共产主义战士白求恩、柯棣华一起工作，系白求恩野战外科医术重要传承人；解放战争时期，历任冀中军区卫生部部长，河北省军区卫生部副部长、部长。

中华人民共和国成立后，林金亮历任河北省军区卫生部部长、后勤部副部长，中央军委中心血库主任，中央军委青岛第一疗养院院长，济南军区后勤部卫生处处长、后勤部卫生部副部长等职，并赴苏联学习考察，1955 年被授予中国人民解放军上校军衔，荣获三级八一勋章、二级独立自由勋章、二级解放勋章。

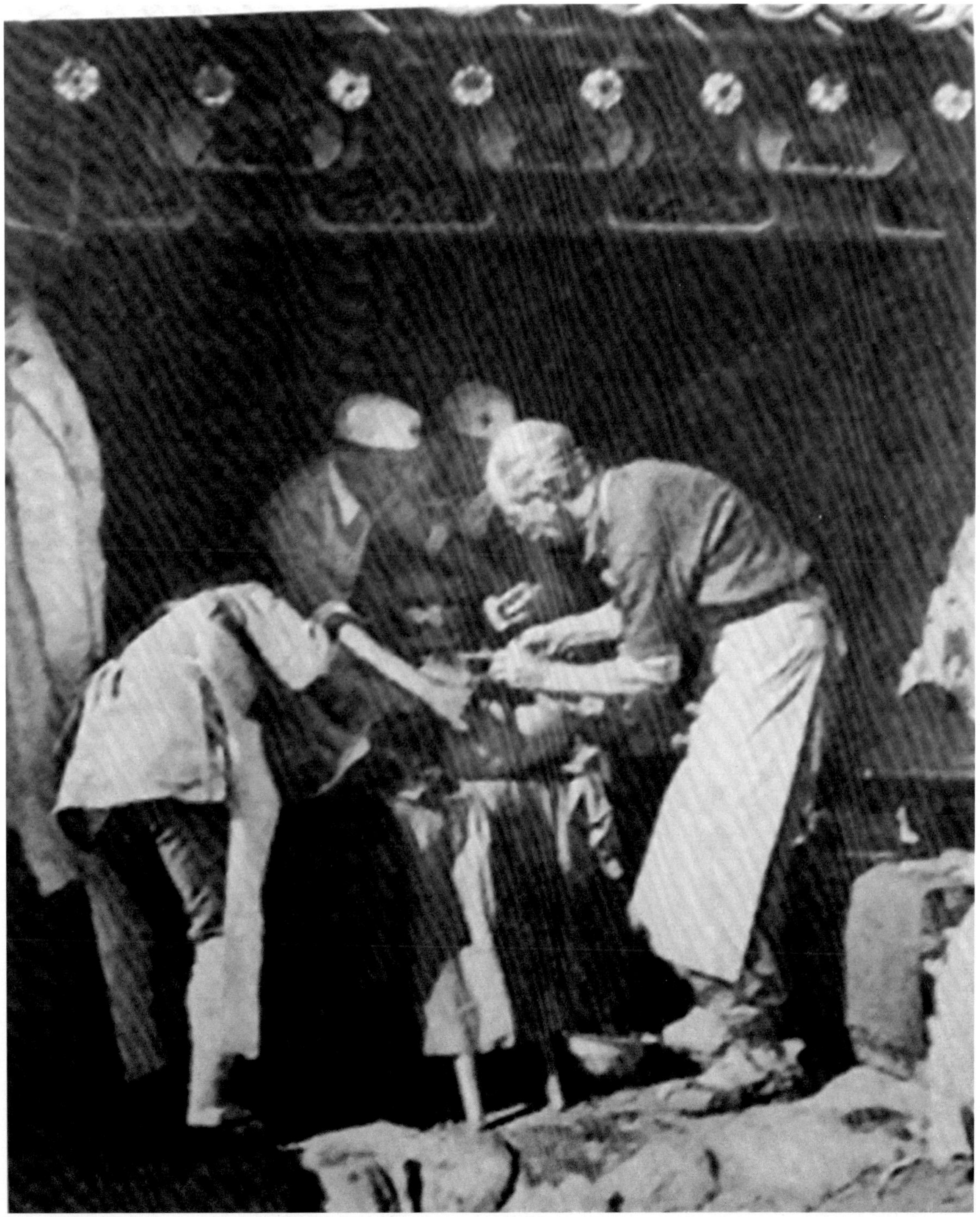

林金亮(左二)在抗日前线协助国际共产主义战士白求恩大夫为八路军伤员做手术。

白求恩的好助手　抗日救国业绩骄

抗日战争时期，林金亮历任晋察冀军区后方医院医务科长、院长，军区模范医院院长，军区白求恩医院院长，晋察冀军区卫生部医务主任，卫生巡视团副主任，抗大七分校卫生部医务主任，为抗日救国做出杰出贡献。

1938年6月18日，白求恩大夫一行来到军区卫生部所在地山西省五台县耿镇河北村。驻地附近的部队和老乡们闻讯都欢欣鼓舞，纷纷到村头夹道欢迎白求恩大夫和布朗大夫。图为白求恩大夫奔赴抗日前线。

1938年10月初，白求恩与林金亮在平山县花木村，为2名日军伤俘进行治疗。其中1名高级军官因腿伤严重，先后施行了2次手术；另1名伤俘是头部受伤，也得到妥善救治。2名伤俘深知由于得到良好治疗，才保全了性命。虽然他们语言不通，还是想方设法向白求恩及林金亮表达了谢意。图为1939年10月27日，白求恩特意用自己的照相机为康复中的伤俘和林金亮拍了合影照片。并写信给聂荣臻司令员要求将照片广为发送日占区，作为瓦解敌军斗志的宣传品。

1938年10月25日，白求恩大夫从四分区洪子店来到花木，与林金亮等人视察工作后表示十分满意。他说："伤员分散治疗也有好处，老乡都很热情，对伤员治疗也没有影响。"图为白求恩大夫在平山县花木村为伤员治病。

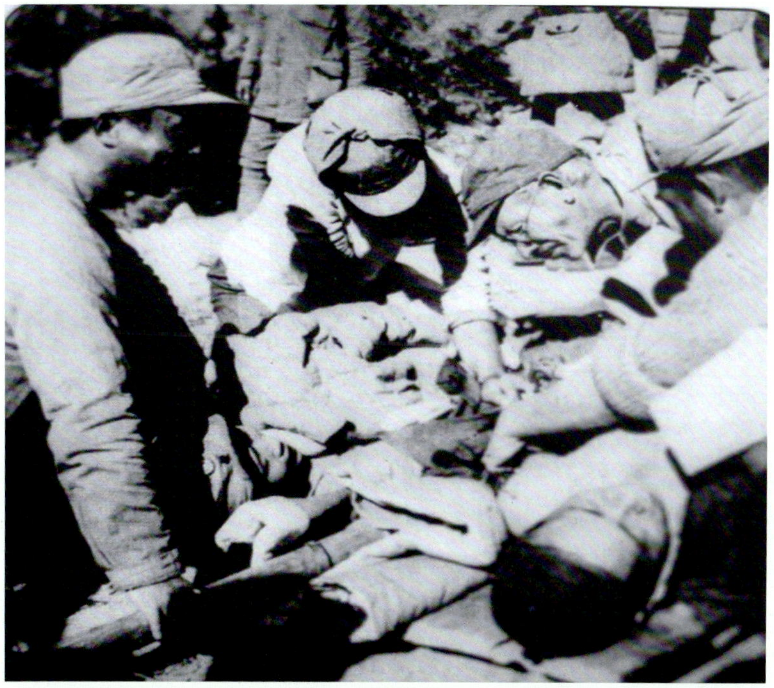

林金亮过去虽然知道一些输血的知识,但是亲眼看到输血操作还是第一次。第一个带头献血的是叶青山部长,白求恩大夫亲自做示范给大家看,叶青山部长成为我军战场献血的第一人。第二个献血的是白求恩大夫,他让林金亮操作。林金亮开创了我军战场输血工作的先河,成为我军在战场成功完成采血和输血的第一人。

白求恩大夫准备回国之前,对一、三分区部队和所属医院又进行了一次卫生巡视指导。图为在河北唐县老姑村军区后方医院巡视时,白求恩查看伤员的情况。

传承白求恩精神　精湛医术誉三军

林金亮传承白求恩精神的实践，创造了我军医疗史上的“三个最早”，为党的医疗强军事业做出杰出贡献。

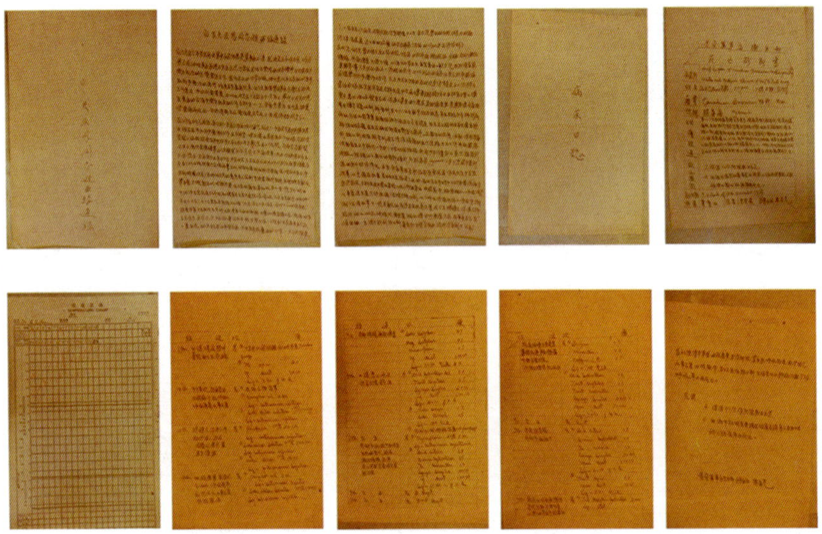

1939 年 10 月底，白求恩大夫在一次给伤员做手术时，感染了败血病，在病危之际，林金亮奉军区首长指示，前往唐县黄石口村参与组织了最后抢救和遗体护送工作。图为林金亮经办的白求恩大夫逝世的上报文件：一、白大夫求恩同志逝世经过录，二、病床日志，三、体温记录，四、死亡证明。这些上报文件现由中央苏区（闽西）博物馆珍藏。

1939 年 11 月 12 日凌晨，白求恩大夫在河北唐县黄石口村逝世。1940 年 7 月在唐县军城镇白求恩大夫陵墓竣工正式安葬时召开追悼会，并决定晋察冀后方医院改名为白求恩医院，林金亮为院长。图为追悼会场面。

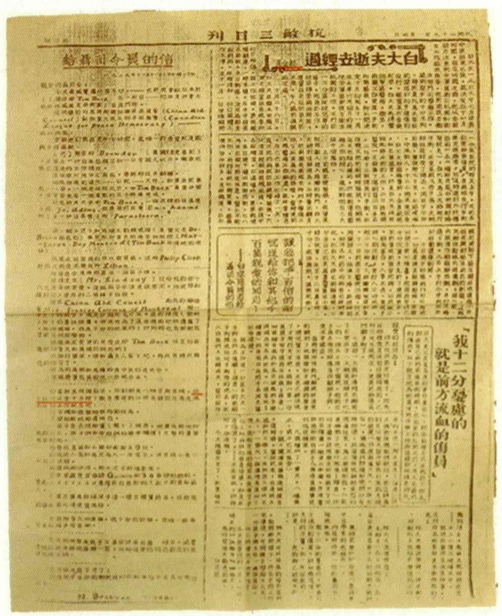

1940 年 1 月 4 日，八路军晋察冀军区机关报《抗敌三日刊》在同一版面全文刊登白求恩给聂荣臻司令员的信（即白求恩遗嘱）、致郎林（白求恩的翻译）的信和林金亮《白大夫逝世经过》一文。

我军最早的有关输血的文件

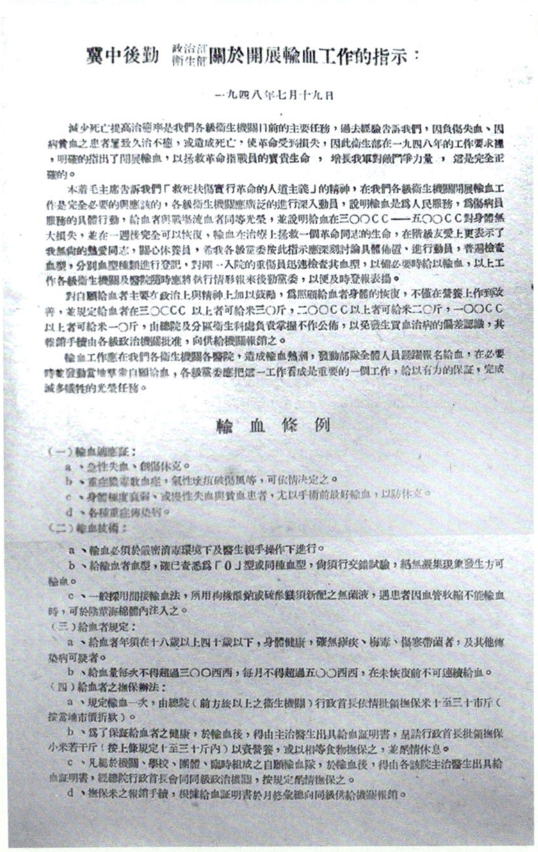

冀中後勤 政治部 衛生部 關於開展輸血工作的指示：

一九四八年七月十九日

減少死亡提高治癒率是我們各級衛生機關目前的主要任務，過去經驗告訴我們，因負傷失血、因病貧血之患者屢致久治不癒，或造成死亡，使革命受到損失，因此衛生部在一九四八年的工作要求裡，明確的指出了開展輸血，以拯救革命指戰員的寶貴生命，增長我軍對敵鬥爭力量，這是完全正確的。

本着毛主席告訴我們「救死扶傷實行革命的人道主義」的精神，在我們各級衛生機關開展輸血工作是完全必要的與應該的，各級衛生機關應廣泛的進行深入動員，說明輸血是為人民服務，為傷病員服務的具體行動，給血者與戰場流血者同等光榮，並說明給血在三〇〇CC——五〇〇CC對身體無大損失，並在一週後完全可以恢復，輸血在治療上拯救一個革命同志的生命，在階級友愛上更表示了我無償的熱愛同志，關心休養員，希我各級黨委按此指示應深刻討論具體佈置、進行動員，普遍檢查血型，分別血型種類進行登記，對剛一入院的重傷員迅速檢查其血型，以備必要時給以輸血，以上工作各級衛生機關及醫院隨時應將執行情形報來後勤黨委，以便及時登報表揚。

對自願給血者主要在政治上與精神上加以鼓勵，為照顧給血者身體的恢復，不僅在營養上作到改善，並規定給血者在三〇〇CC以上者可給米三〇斤，二〇〇CC以上者可給米二〇斤，一〇〇CC以上者可給米一〇斤，由總院及分區衛生科處負責掌握不作公佈，以免發生買血治病的偏差認識，其報銷手續由各級政治機關批准，向供給機關報銷之。

輸血工作應在我們各衛生機關各醫院，造成輸血熱潮，發動部隊全體人員踴躍報名給血，在必要時並發動當地群衆自願給血，各級黨委應把這一工作看成是重要的一個工作，給以有力的保証，完成減少犧牲的光榮任務。

輸血條例

(一)輸血適應証：

a、急性失血、創傷休克。

b、重症膿毒敗血症，氣性壞疽破傷風等，可依情決定之。

c、身體極度衰弱、或慢性失血與貧血患者，尤以手術前最好輸血，以防休克。

d、各種重症傳染病。

(二)輸血技術：

a、輸血必須於嚴密消毒環境下及醫生親手操作下進行。

b、給輸血者血型，雖已查悉為「0」型或同種血型，尚須行交錯試驗，絕無凝集現象發生方可輸血。

c、一般採用間接輸血法，所用枸櫞酸鈉或硫酸鎂須新配之無菌液，遇患者因血管收縮不能輸血時，可於陰囊海綿體內注入之。

(三)給血者規定：

a、給血者年須在十八歲以上四十歲以下，身體健康，確無瘧疾、梅毒、傷寒帶菌者，及其他傳染病可疑者。

b、給血量每次不得超過三〇〇西西，每月不得超過五〇〇西西，在未恢復前不可連續給血。

(四)給血者之撫保辦法：

a、規定輸血一次，由總院(前方旅以上之衛生機關)行政首長依情批領撫保米十至三十市斤(按當地市價折款)。

b、為了保証給血者之健康，於輸血後，得由主治醫生出具給血証明書，呈請行政首長批領撫保小米若干斤(按上條規定十至三十斤內)以資營養，或以相等食物撫保之，並酌情休息。

c、凡屬於機關、學校、團體、臨時組成之自願輸血隊，於輸血後，得由各該院主治醫生出具給血証明書，經總院行政首長會同同級政治機關，按規定酌情撫保之。

d、撫保米之報銷手續，根據給血証明書於月終彙總向同級供給機關報銷。

1948 年 7 月，林金亮担任冀中军区卫生部长时参与编写下发的有关输血技术的指示与条例，是我军输血史上最早下发的有关输血的文件之一。

我军最早用中医方法治疗骨伤的实践

平津战役中，在独流(天津近郊)，林金亮领导的河北省军区卫生部手术队中，军医开始采用中医方法治疗骨伤，使用小夹板和大夹板配合实施骨折伤员救治。(图为林金亮珍藏。)

我军最早在战场实施输血的实践

1953 年初，林金亮在沈阳担任中央军委卫生部中心血库主任。该血库是我军第一个大型血库。它现代化程度高，技术力量强，也是专为抗美援朝的重伤员供血的单位。林金亮把实践经验与技术发挥到极致，为挽救负伤的志愿军战士的生命做出了贡献，成为我军战场输血事业史上的奠基人之一。图为中央军委卫生部中心血库。

光辉业绩载史册　红色基因代代传

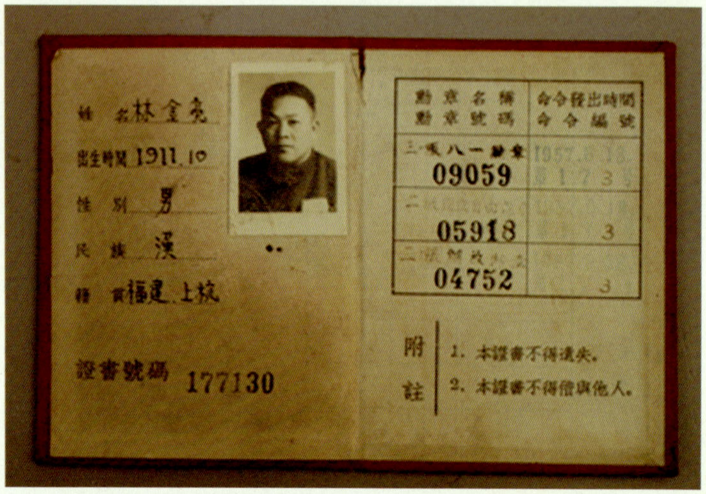

林金亮的勋章、勋章证书。

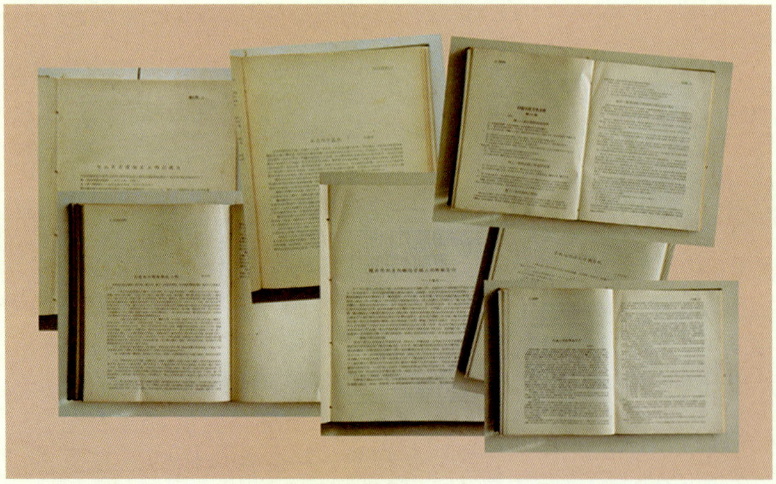

1950 年 9 月，林金亮参与编写了《河北省军区卫生史料汇编》，书中入选了十多篇有关他纪念白求恩的文章和多年从事医务工作实践经验的医术论文。

林金亮生前学习和使用过的政治医学专业用书以及参与编写的有关书籍。

牢记父辈常教诲 红色基因代代传

——林金亮8个儿子的座右铭

1

林健：才溪精神、白求恩精神是我们家的传家宝，我们要一代一代地传下去。

2

林立（左一）：坚信马列，信仰在心；传承父志，践行在身。

3

林丰（左一）：实事求是调查研究，不仅是才溪干部的工作原则，也是我们科研人员的精神准则。

4

林正：做任何工作都应脚踏实地，说得好不如做得好，说得多不如做得多。

5

林胜（左一）：家训：老老实实做人，踏踏实实做事。

6

林巩：传承白求恩精神是我们后来人的责任，重在脚踏实地走好人生道路上的每一步。

7

林永：弘扬才溪基因，永远跟党走，一心为民。

8

林青：医学传承从父志，不忘初心励前行。

胡子昆

(1916—2004)

胡子昆，原名黄华焜，上杭县才溪区曾坑乡人，1930 年加入共产主义青年团，1932 年 2 月参加中国工农红军，同年 7 月转入中国共产党；土地革命战争时期，曾任班长、科员、排长等职，参加了中央苏区第四、五次反“围剿”作战和二万五千里长征；抗日战争时期，在新疆乌鲁木齐曾担任汽车、装甲车、坦克、飞机驾驶员；解放战争时期，历任东北联军航校一大队一中队队长、飞行教员，一大队二队党委副书记，华北航空处处长等职。

中华人民共和国成立后，胡子昆历任空军航校处长、副参谋长，西北军区空军副处长、处长，中国民用航空总局处长、科研所所长，后勤部和科教局顾问等职，1955 年被授予中国人民解放军上校军衔，荣获三级八一勋章、三级独立自由勋章、三级解放勋章。

长征遭受分裂苦　高台血战获幸存

胡子昆从1934年10月参加长征，至1937年5月到达新疆迪化，遭受过张国焘分裂红军造成的磨难，参加了甘肃高台的大血战。

1934年10月，胡子昆随中央红军从福建长汀出发，开始长征，12月上旬到达湘江上游的界首。当时，胡子昆在红一方面军五军团任警卫排长，参加了在长征途中打得最为惨烈的恶仗之一湘江战役。图为湘江战役遗址——广西兴安县界首渡口。

1935年6月，红一方面军和红四方面军在懋功会师后，胡子昆随李卓然到四方面军工作；接着连续翻过长板山、打鼓山、拖罗岗山等五座大雪山；12月中旬，因张国焘分裂红军继续南下，从卓克基出发，经过娥功、达维、夹金山、宝兴，到达天全、芦山等地。1936年8月1日，到达包座，第三次过草地。图为茫茫草地的一块。

1936年11月8日，红五军编入中国工农红军西路军，渡黄河西征执行宁夏战役计划。胡子昆参加了攻占山丹、临泽战役，1937年1月12日在甘肃高台县城与近十倍于己的敌人浴血奋战，最终失败。胡子昆获幸存。图为我军战死疆场将士遗体。

1937年5月7日，西路军余部400余人抵达迪化(即乌鲁木齐)，在陈云同志的领导下，学习政治、文化和军事技术。胡子昆在装甲部队学驾驶汽车、装甲车、坦克车。1938年1月，他被选进航空队学习；同年10月，他顺利通过了初、中级教机的单飞课目。图为供胡子昆等人训练的飞机。

苦尽甘来进航校　为党强军育英才

1942年7月10日，军阀盛世才在蒋介石的唆使下转向亲蒋反共，将航空训练班的全体红军学员囚禁入狱。我党驻新疆办事处的全部人员也一同遭受迫害，131人在新疆被囚达4年之久。后经中共中央多方斡旋，在新疆遭受囚禁迫害的人员于1946年6月10日得到释放，7月10日历经艰难回到延安。图为胡子昆等获救的131人回到延安时的合影。

从新疆回到延安的这批航空专业人才，是我党创建东北老航校和组建人民空军的骨干力量。图为我党在新疆获救的部分航空训练班人员在延安的合影(中排左八为胡子昆)。

1946年9月20日，胡子昆等在新疆学习航空的29名干部，由延安开赴东北，参加航校建设。图为他们经过长途跋涉，于1947年2月初到达东安，胡子昆等14人编入飞行教员训练班。

飞行教员训练班各方面条件差，生活很艰苦。他们睡的是双层床，吃的是玉米、高粱饭和素菜，很长时间吃不到肉。但为了建设自己的航校、培养航空人员，他们在党的领导下，大家能团结一致，努力学习、工作。

官兵齐动手，修建宿舍、教室。

既是宿舍，又是课堂。

开荒种菜，累了休息。

1947 年冬,胡子昆调任一大队飞行二队队长,后排右二为胡子昆。

1949年春，胡子昆调任飞行大队轰炸运输中队队长，他在东北老航校一大队飞行二队一年多和飞行大队轰炸运输中队不到一年的时间里，培养了数十名新中国的飞行员。这批飞行员，大部分成为抗美援朝的空军骨干。

胡子昆（左二）与李卓然（右二）合影。

紧张地进行起飞前的准备。

机场风雪。

1952 年,胡子昆(前排中)与航校领导等合影。

1952 年,胡子昆(前排右一)与航校领导等合影。

1952 年,任航校副参谋长的胡子昆(后排左一)与部分领导合影。

阙明

（1914—1985）

阙明，上杭县才溪区障云乡汉溪村人，1929 年参加革命，1930 年参加中国工农红军，1932 年加入中国共产党；土地革命战争时期，曾任排长、连长，后方医院院部管理科长等职；参加了中央苏区第一至五次反“围剿”斗争和二万五千里长征；抗日战争时期，历任区队队长、新华广播电台行政科科长等职，是新华广播电台的创始人之一；解放战争时期，历任晋察边区群众团体联合秘书处副处长、东北民主联军后勤供给部工厂管理处处长、东北军区后勤供给部燃料处处长等职。

中华人民共和国成立后，阙明历任沈阳军区工程兵处长、一〇一四仓库主任等职。1955 年被授予中国人民解放军上校军衔，荣获三级八一勋章、三级独立自由勋章、三级解放勋章。

参加苏区保卫战　长征三次立战功

阙明，曾用名王全山，1914 年 7 月 17 日出生于福建省上杭县才溪区通贤障云乡汉溪村一个贫农家庭，是家里的独生子，8 岁就因爷爷生前借了地主 10 斗麦子，到地主家放牛。12 岁进纸厂学造纸。图为阙明故居。

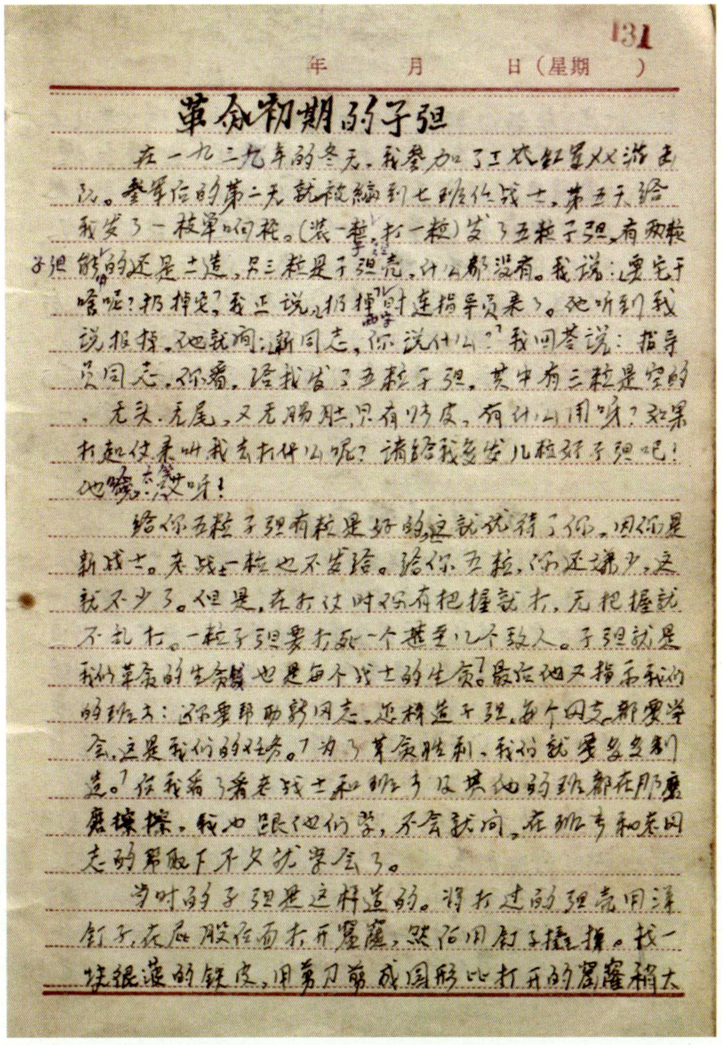

131

年　月　日（星期　）

革命初期的子弹

在一九二九年的冬天，我参加了工农红军××游击队。参军后的第二天就被编到七班任战士。第五天给我发了一枝单响枪。（装一颗，打一粒）发了五粒子弹，有两粒子弹能用的还是土造，另三粒是子弹壳，什么都没有。我说：要它干啥呢？扔掉它？我正说扔掉时连指导员来了。他听到我说很[illegible]，他就问：新同志，你说什么？我回答说：指导员同志，你看，给我发了五粒子弹，其中有三粒是空的，无头、无尾，又无肠肚，只有外皮，有什么用呀？如果打起仗来叫我去打什么呢？请给我多发几粒好子弹吧！他[illegible]呀！

给你五粒子弹有两粒是好的，这就优待了你，因你是新战士。老战士一粒也不发给。给你五粒，你还说少，这就不少了。但是，在打仗时你有把握就打，无把握就不乱打。一粒子弹要打死一个甚至几个敌人。子弹就是我们革命的生命线，也是每个战士的生命。最后他又指示我们的班长：你要帮助新同志，还要造子弹，每个同志都要学会，这是我们的任务。为了革命胜利，我们就要多多制造。后我看了看老战士和班长及其他的班都在那里[illegible]。我也跟他们学，不会就问。在班长和老同志的帮助下不久就学会了。

当时的子弹是这样造的。将打过的弹壳用洋钉子在屁股后面打开窟窿，然后用钉子[illegible]。找一块很薄的铁皮，用剪刀剪成圆形比打开的窟窿稍大

1929 年，阙明家乡开始闹革命。他参加了少先队、共产主义青年团和区工会；1930 年 12 月参加了红军。图为阙明回忆录《革命初期的子弹》。

阙明参加了红军攻克漳州、南雄水口阻击陈济棠部队，江西黎川、兴国高兴圩等中央苏区的一至五次反“围剿”作战。图为第二次反“围剿”地点兴国白云山。

1934 年 10 月，中央红军第五次反“围剿”失败，被迫撤出中央苏区开始长征。在红一军团一师一团三营七连任副排长的阙明，参加了湘江阻击战。1935 年 1 月 1 日，阙明随部由龙溪到达回龙场渡口，当日下午偷渡未成；夜间，强渡乌江成功，击溃黔军团 1 个团，占领滩头阵地，并掩护后续部队渡江。图为红军突破乌江的情景创作画。

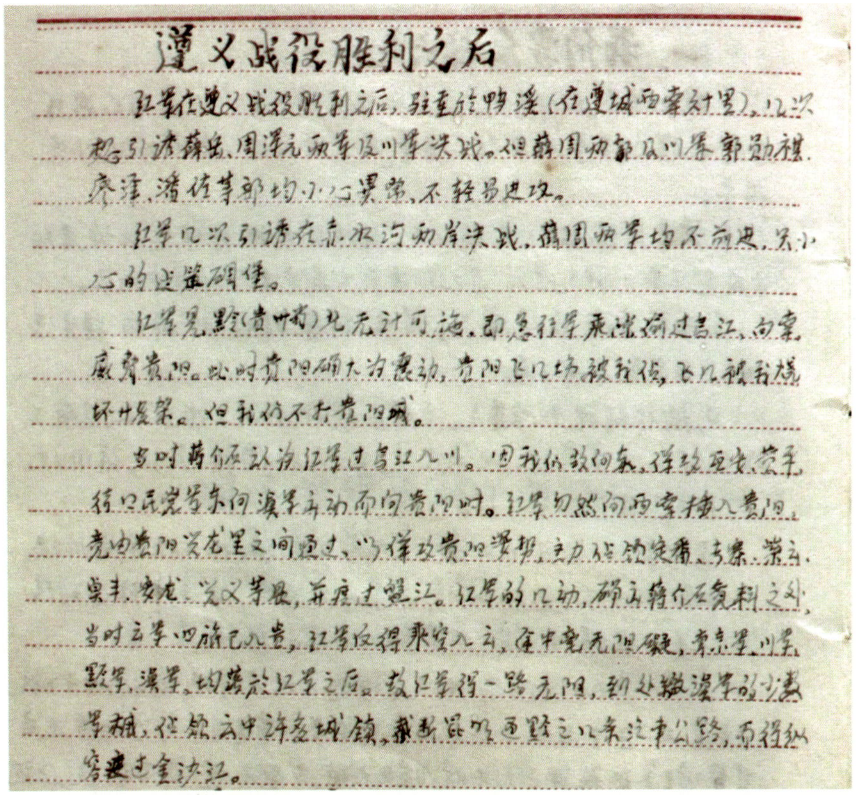

遵义战役胜利之后

红军在遵义战役胜利之后，驻屯於鸭溪（在遵城西索卅里），以次想引诱薛岳、周浑元两军及川军决战。但薛周两部及川军郭勋祺、潘佐等部均小心异常，不轻易进攻。

红军几次引诱在赤水河两岸决战，薛周两军均不前进，只小心的建筑碉堡。

红军见黔（贵州省）无计可施，即急行军乘隙渡过乌江，向东威胁贵阳。此时贵阳颇大为震动，贵阳飞机场被我占，飞机被我烧坏廿余架。但我们不打贵阳城。

当时蒋介石认为红军过乌江入川。因我们故向东，佯攻瓮安、黄平，待蒋介石党军东向、滇军东调而向贵阳时。红军忽然向西南插入贵阳，竟由贵阳与龙里之间通过，以佯攻贵阳姿势，主力经过定番、广顺、紫云、贞丰、安龙、兴义等县，并渡过盘江。红军的行动，确出蒋介石意料之外，当时云军四旅已入贵，红军反得乘虚入云，途中竟无阻碍，蒋系军、川军、黔军、滇军，均落於红军之后。故红军得一路无阻，到处缴获军需粮械，经过云中许多城镇，截断昆明通黔之川东注车公路，而得从容渡过金沙江。

1935年1月29日—3月16日，毛泽东指挥3万余人的红军与10倍于己的敌人周旋，东西驰骋千里，南北往返数次，忽南忽北，声东击西，屡用奇兵，创造了四渡赤水以弱胜强的40余次战斗奇迹。

在激烈的战斗中，在生死的战场上，阙明所在部队的领导，先后负重伤或牺牲。在部队急需指挥员时，他从副排长先后被提升为副连长、副营长，并先后三次荣立战功。左图为阙明写的回忆录，右图为红军四渡赤水河渡口二郎滩。

三个人加一匹马　筹建了广播电台

1940年，阙明在延安抗日军政大学毕业后，奉朱德、胡耀邦的命令，在极端困难条件下，靠“三个人加一匹马”，奇迹般成功创建延安新华广播电台。阙明被誉为“红色电波筹建人”。

1940年7月，阙明在延安抗日军政大学毕业。一心想上前线打日本鬼子的阙明，被时任中央政治部部长的胡耀邦召见：“有一项很重要的任务交你完成。”三局局长王静告诉阙明：“由你负责筹建新华广播电台，建在什么地方？多少设备？未定，人嘛，只有你一个，配一名炊事员和一名饲养员，还有一匹马。筹备工作就你们三个人。”

在延安王家坪朱总司令住处，朱德握着阙明的手说：“阙明同志，电台是我们党的喉舌，通过电台向全国人民、全世界人民宣传我党的主张、方针、政策，随时揭露国民党反动派不抗日的阴谋。这项工作，很重要啊！”

经过勘察，阙明决定依靠和发动当地干部群众，在离延安不远的王皮湾，通过打两个窑洞，建四间瓦房，来设广播电台。只用两个月时间，电台工作人员的住房和办公场所就建好了。图为延安新华广播电台旧址之一。

朱德总司令两次亲自前来视察，高兴地说："阙明同志，你们的工作很好，节约了材料和经费，合理安排了人力，争取了时间。"

1940 年 12 月 30 日，新华广播电台正式广播。播音员那圆润洪亮的声音，传向全国，传向全世界。毛泽东、周恩来听到了广播，当即写来贺信。后来，这天被定为我国人民广播事业诞生日。阙明被誉为"红色电波"筹建人。图为延安新华广播电台旧址。

研制武器和装备　支援前线打胜仗

在解放战争期间，阙明在东北民主联军军区后勤供给部任职。他团结带领广大战士努力研究和生产有关军需物品，为支援解放战争做出贡献。

1947年5月，阙明调到东北民主联军军区后勤供给部担任工厂管理处处长并任支部书记。当时东北的许多工厂几乎都是在制造部队急需的武器弹药等军用物资，他在研制、开发各类的武器装备方面取得了显著的成就，为支援辽沈战役战斗和关内的解放战争做出了贡献。

东北解放区的兵工厂生产的子弹装车外运。

工人们把缴获的大炮修好装备我军部队。

1957年6月1日，阙明与夫人米秀英合影。

右图的军碗是在军工最为辉煌的初建时期为适应部队各种环境的需要而研制的。无论潮湿高温，还是冰天雪地，它都耐用，不易碎，有硬度，传热慢。碗底的旁边有一个小孔可以穿绳系在背包上以固定小碗，部队行军打仗在任何条件下都不易断裂。这是我军后勤保障中很重要的突破。图为阙明调离工厂管理部去燃料部时，东北化学总厂送给他的纪念品。

豪情万丈写长卷　允文允武楷模风

阙明投身革命，文武双全，无悔青春。真是：足智多谋创奇迹，枪林弹雨立战功。豪情万丈写长卷，允文允武楷模风。

阙明在 1960 年国庆节的照片。

阙明离休后的照片。

1982 年 9 月，《中国人民广播回忆录》等刊登阙明的文章《筹建新华广播电台的最初日子》。

刘汉
（1912—1952）

刘汉，上杭县才溪区下王乡人，1929 年参加才溪农民暴动，1930 年加入中国共产党，1931 年参加中国工农红军，曾任班长、排长、连长、十二军第四团政治委员等职；参加了二万五千里长征；参加了抗日军政大学学习和延安整风运动；参加了抗日战争、解放战争；1949 年，任第四野战军第十二兵团后勤部副政委兼湖南省军区后勤部政委。

中华人民共和国成立后，任沈阳军区葫芦岛海军基地司令部政治委员。

万里长征是好汉　身经百战建功勋

1948 年 8 月,刘汉因战斗负伤后,在哈尔滨王兆屯休养所治疗期间的留影。

不朽军功垂永世　郁郁青山蕴忠魂

1951 年，任沈阳军区葫芦岛海军基地司令部政治委员的刘汉与警卫员及全家在汉口长江饭店留影。

刘汉与家人合影。

革命軍人證明書

軍證字第三三九九號

茲有劉漢同志係一九三一年七月參加人民解放軍現在十二兵團湖南軍區後勤部任副政治委員工作其家屬得按人民政府軍屬優待條例享受軍屬榮譽與優待

此證

中國人民解放軍第四野戰軍 司令員 林彪 政治委員 羅榮桓 鄧子恢 譚政 政治部主任 陶鑄

一九五〇年[illegible]月十三日

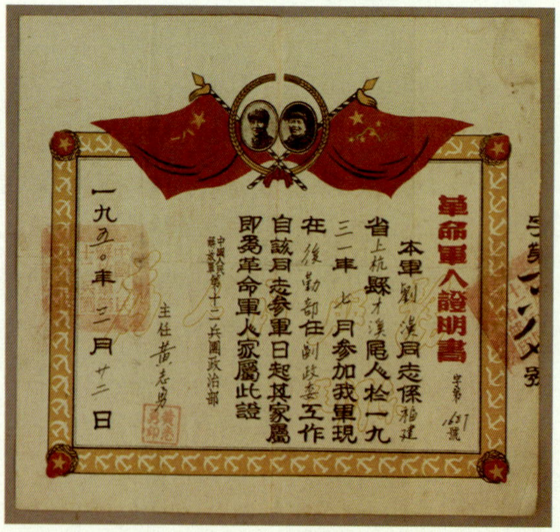

革命軍人證明書

字第1631號

本軍劉漢同志係福建省上杭縣才溪鄉人於一九三一年七月參加我軍現在後勤部任副政委工作自該同志參軍日起其家屬即為革命軍人家屬此證

中國人民解放軍第十二兵團政治部

主任 黃志勇

一九五〇年三月廿二日

1950 年，中国人民解放军第四野战军政治部发给刘汉的《革命军人证明书》。

刘屏山
（1900—1976）

刘屏山，上杭县才溪区岭头乡人，1929 年参加才溪农民暴动，8 月参加中国工农红军，1930 年调上杭县苏维埃政府任文书，8 月加入中国共产党，曾任红一军团供给部科员，参加了中央苏区一至五次反“围剿”作战和二万五千里长征，历任总供给部科长、太行五分区供给处处长、十六旅供给处处长、总后卫生部经理处处长、江西省军区后勤部卫生部部长等职。

中华人民共和国成立后，刘屏山历任广州军区后勤部卫生处处长，中国重工业部武汉办事处主任兼党委书记，中央冶金工业部驻武汉办事处主任、西安办事处主任兼党委书记、中南金属一级站党委书记等职。

保卫苏区五次参战　万里长征赤胆忠心

刘屏山，1900年出生于上杭县才溪区通贤岭头乡卓坑村，1928年5月加入农民协会，1929年8月参加红军。图为刘屏山参加农民协会的旧址——岭头文昌阁。

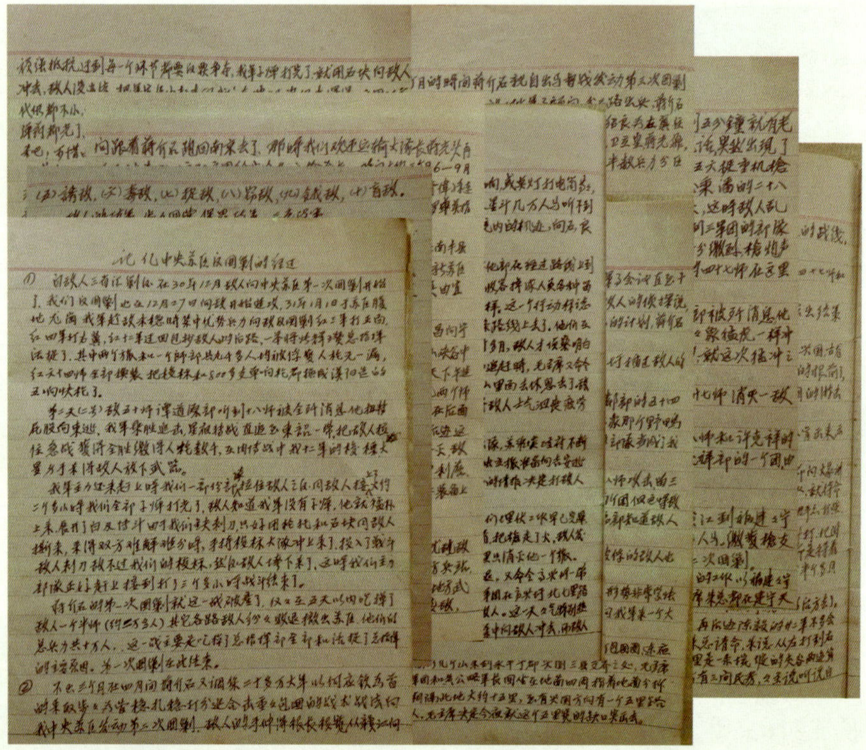

1930年6月，刘屏山转到红一军团供给部先后任科员、供给员、科长，负责粮食和弹药的分配任务。他坚持公平公开的原则，深得战士拥戴，战士们曾亲切地称他为“肚皮司令”。1930年至1934年9月，他参加了中央苏区一至五次反“围剿”作战。图为刘屏山撰写的《中央苏区反围剿的经过》。

1934 年 10 月至 1935 年 6 月，刘屏山随中央红军第二纵队(红章纵队)参加长征。他初期负责纵队队尾掉队人员收集和伤残病人员的救治收容工作，后期负责纵队队前的侦查探路、收集粮草、分配粮食，为纵队人员安排住宿、宣传等工作。长征期间，他有一段时间曾担任刘晓、邓小平、陆定一、杨尚昆等同志组成的党小组的组长。图为刘屏山回忆爬雪山的手稿。

1935 年 7 月至 10 月，刘屏山随中央红军陕甘支队到达陕北吴起镇。1937 年 7 月，他在延安中国工农红军总后勤部任科长(8 月改称八路军延安供给部)。图为中央红军第一军、第三军和军委纵队改编为中国工农红军陕甘支队的俄界会议旧址。

坚持参加抗日作战　一个建议立了大功

1937 年 11 月，刘伯承、邓小平领导的一二九师创建太行、太岳山脉为依托的晋冀鲁豫根据地。图为刘屏山随部队前往太行山区。

1940 年 6 月，成立八路军太行军区，刘屏山任五分区供给处处长。经历了对日寇和伪政权的山地和平原游击战，参加了创建根据地的地道战、地雷战、破袭战、百团大战、反“蚕食”反“围剿”的战斗，以及对日寇的攻势战役与战略反攻。图为百团大战的新闻在街头流动展览。

1943 年春节前夕，部队的补给比较困难。皮定均司令员对打不打河南辉县西边的薄壁镇有些犹豫不决。刘屏山根据侦察结果，对皮司令说：“那里有仓库，存放了很多的布匹、棉花和粮食，可以解决部队的冬衣问题，还是打的好。”皮定均下定决心，晚上突袭，很快就打下了薄壁镇，歼灭了两个营的伪军，缴获的各类军用物资，足足有 40 多大车，解决了部队的供给问题，又接济了附近老百姓的春节生活。刘屏山的建议立了大功，得到了部队的赞扬。图为 1943 年 10 月，刘屏山（二排中）与战友合影。

解放战争英勇杀敌　功勋卓著无上光荣

1947 年 6 月 10 日，根据中共中央军委指示，第一、第二、第三、第六纵队共 12 万余人组建成晋冀鲁豫南征野战军(史称刘邓大军)，刘屏山随部队参加了创建大别山根据地的建设。图为刘邓大军进军大别山的照片。

1948 年 11 月至 1949 年 1 月，刘屏山参加了中原野战军与华东野战军进行的闻名于世的淮海战役。图为淮海战役战场照片。

1948 年 5 月至 10 月，刘屏山参加了洛阳、皖西、皖东、豫东、襄樊等战役，解放了郑州和开封。图为开封解放照片。

中原野战军总后卫生部经理处处长刘屏山(中)与警卫员合影。

党和人民的好儿子　革命先烈永垂不朽

1975年9月，刘屏山（右）与战友陈国良在韶山参观毛泽东旧居时合影。

刘屏山从军生涯中，曾立过一次大功、两次小功，在背部右侧有一处弹片伤痕，在大腿上有一处枪伤。1976年8月15日，他因脑出血离世，1983年8月15日，获中华人民共和国民政部评定为革命烈士，并获武汉市江岸区列入革命烈士名录。图为刘屏山的革命烈士证。

雷浩北

（1914—1967）

雷浩北，又名雷利声，上杭县才溪区上才溪乡雷屋村人，1929 年参加革命，1931 年参加中国工农红军，1933 年加入中国共产党；土地革命战争时期，曾任司务长、副官、副官主任、团供给处处长等职，参加了中央苏区一至五次反“围剿”斗争和二万五千里长征；抗日战争时期，一直在军队做后勤工作；解放战争时期，历任第四野战军第四十九军后勤部副部长等职。

中华人民共和国成立后，任中国民用航空局商务处处长；荣获三级八一勋章、三级独立自由勋章、二级解放勋章。

万里长征炼红心　解放战争建功勋

雷浩北参加了长征，1937 年 9 月参加了平型关战役战斗。图为雷浩北（前排右一）与战友合影。

雷浩北在解放战争中缴获的战利品。

解放战争时期，雷浩北参加了辽沈、平津战役战斗后，随四野四十九军南下，参加了一系列的战役战斗。图为四十九军后勤部副部长雷浩北与部长毛普安（右）的合影，雷浩北（左三）与后勤部干部合影。

奋力建设新中国　航空贸易做贡献

新中国成立后，雷浩北任中国民用航空局商务处处长，为国家航空贸易事业做出贡献。

图为20世纪50年代，雷浩北(右三)参加中国民航总局与斯里兰卡签订航空协议仪式。

图为20世纪50年代，雷浩北(左二)出访苏联后回到北京。

图为雷浩北与家人合影。

喝水不忘挖井人　革命烈士永不朽

雷浩北在战争中受过重伤，1967 年逝世后被评为革命烈士。

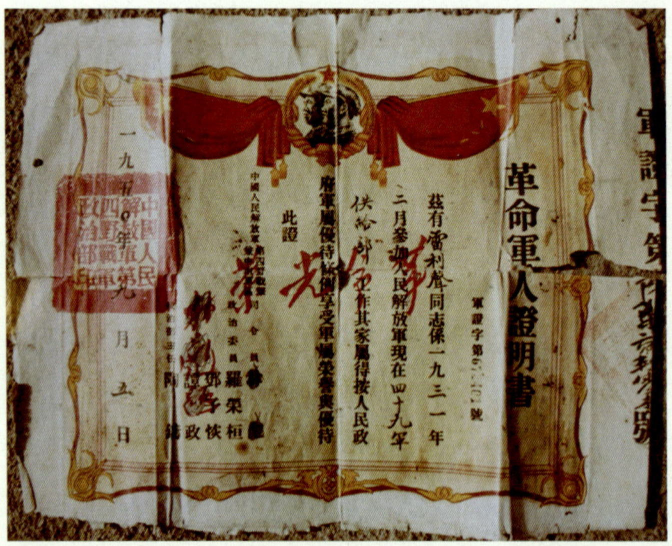

雷浩北的革命军人证明书和革命烈士证明书。

后 记

遐迩闻名的才溪九军十八师英雄群体，含十位开国将军、二十位省部级和地师级开国功臣。他们投身革命洪流，在数十年血与火的斗争和社会主义建设中，铸就了**听党的话，跟着党走；前仆后继，不怕牺牲；锐意进取，艰苦奋斗；勇于担当，敢创第一**的革命精神。这一革命精神体现了党的性质和宗旨，承载着党的初心使命，是党和人民宝贵的精神财富。我们在习近平新时代中国特色社会主义思想指导下，编辑和出版《才溪九军十八师》画册的目的，就是为了鲜活讲好才溪九军十八师前辈们的革命故事，形象展示才溪九军十八师英雄群体的奋斗历程，传承他们铸就的革命精神，为新时代的奋斗者砥砺前行提供强大精神动力。

关于画册的命名，我们采用杨成武上将赠送给毛泽东才溪乡调查纪念馆的题词："才溪九军十八师"，作为画册的名称。

中共中央党史研究室原副主任石仲泉，中共福建省委原副书记林开钦，为画册写了"序"。石、林二老着重从不同的角度，对"才溪九军十八师"诞生和铸就红色基因的时代和历史渊源，以及出版画册的重大意义，做了深刻论述。他们的论点珠联璧合，交相辉映；赫赫生威，令人诚服。中共上杭县委书记傅藏荣，县委副书记、县长王波，亲自为画册的编辑和出版，给予高度重视、精心指导和大力支持。县委常委、宣传部部长张北阳、副县长王尧华关心画册的编辑和出版。县委党史和地方志研究室、县文体旅游局、才溪镇党委和政府、通贤镇党委和政府以及紫金矿业集团，对画册的编辑和出版，给予关心和支持。县文体旅游局副局长陈春连、上杭红色文化研究会秘书长黄尔贤，以及张东瑞同志为画册的编辑出版做了很多工作，在此一并感谢！

画册的不当之处，敬请读者批评指正。

编 者

2019 年 11 月于上杭

2019年10月19日上午，毛泽东才溪乡调查纪念馆在上杭大酒店四楼会议室，召开《才溪九军十八师》画册评审会。会议由上杭县文化旅游局局长钟育发主持。与会人员一致认为，画册已达到出版要求，同意出版。

图为与会主要成员合影：中共龙岩市委党史和地方志研究室主任苏俊才（右七），中共上杭县委常委、宣传部部长张北阳（右六），省作协会员、主任记者詹鄞森（右五），上杭县副县长王尧华（左七），上杭红色文化研究会副会长、画册主编林开泰（左八），中共上杭县委宣传部副部长丘晓武（左六），中共上杭县委党史和地方志研究室主任刘昌发（右三），上杭县文化旅游局局长钟育发（右四），上杭县文化旅游局副局长陈春连（左五），才溪镇人大主席王瑞华（右一），通贤镇镇长林志坚（右二），上杭红色文化研究会秘书长黄尔贤（左四），才溪纪念馆馆长王志灯（左三），才溪纪念馆副馆长李维泉（左二），老同志张东瑞（左一）。